SERMON
PRESCHÉ A L'OUVERTURE
DE L'ASSEMBLÉE GENERALE
DU CLERGÉ
DE FRANCE.

Le 9. Novembre 1681. à la Messe solemnelle du Saint Esprit, dans l'Eglise des Grands Augustins;

Par M.re *JAQUES BENIGNE BOSSUET* Evêque de *Meaux*, Conseiller du Roy en ses Conseils, cy-devant Precepteur de Monseigneur le Dauphin, *et* premier Aumônier de Madame la Dauphine.

Imprimé par ordre de la même Assemblée.

A PARIS,
Chez FEDERIC LEONARD Imprimeur ordinaire du Roy & du Clergé de France, ruë S. Jaques, à l'Ecu de Venise.

M. DC. LXXXII.
AVEC PRIVILEGE DE SA MAJESTÉ.

SERMON
PRESCHÉ A L'OUVERTURE
De l'Assemblée Generale du Clergé de France.

QUAM PULCRA TABERNACULA TUA JACOB, ET TENTORIA TUA ISRAEL!

Que vos Tentes sont belles, ô Enfans de Jacob ! que vos Pavillons, ô Israëlites, sont merveilleux ! *C'est ce que dit Balaam inspiré de Dieu, à la vûë du Camp d'Israel dans le Desert.* Au livre des Nombres XXIV. 1. 2. 4.

MESSEIGNEURS,

C'est sans doute un grand spectacle de voir l'Eglise Chrétienne figurée dans les anciens Israëlites, la voir, dis-je, sortie de l'Egypte & des

A ij

tenebres de l'Idolatrie, cherchant la Terre promise à travers d'un Desert immense, où elle ne trouve que d'affreux rochers & des sables brûlans; nulle terre, nulle culture, nul fruit; une seicheresse effroïable; nul pain qu'il ne lui faille envoïer du Ciel; nul rafraîchissement qu'il ne lui faille tirer par miracle du sein d'une roche; toute la nature sterile pour elle, & aucun bien que par grace: Mais ce n'est pas ce qu'elle a de plus surprenant. Dans l'horreur de cette vaste solitude on la voit environnée d'ennemis; ne marchant jamais qu'en bataille; ne logeant que sous des tentes: toûjours prête à déloger & à combattre: étrangere que rien n'attache, que rien ne contente, qui regarde tout en passant sans vouloir jamais s'arrêter: heureuse neanmoins dans cét état, tant à cause des consolations qu'elle reçoit durant le voïage, qu'à cause du glorieux & immuable repos qui sera la fin de sa course. Voilà l'image de l'Eglise pendant qu'elle voïage sur la terre. Balaam la voit dans le desert: son ordre, sa discipline, ses douze Tribus rangées sous leurs étendarts: Dieu son Chef invisible au milieu d'elle: Aaron Prince des Prêtres & de tout le peuple de Dieu, Chef visible de l'Eglise sous l'authorité de Moyse souverain Legislateur & figure de Jesus-Christ: le Sacerdoce étroittement uni avec la Magistrature: tout en paix par le concours de ces deux Puissances: Coré & ses Se-

ctateurs ennemis de l'ordre & de la paix englou-
tis à la vûë de tout le peuple, dans la terre fou-
dainement entr'ouverte fous leurs pieds, & en-
fevelis tout vivans dans les Enfers : Quel fpectacle ! quelle affemblée ! quelle beauté de l'Eglife!
du haut d'une montagne, Balaam la voit toute
entiere ; & au lieu de la maudire, comme on l'y
vouloit contraindre, il la benit. On le détour-
ne, on efpere lui en cacher la beauté en lui
montrant ce grand Corps par un coin, d'où il
ne puiffe en découvrir qu'une partie, & il n'eft
pas moins tranfporté, parce qu'il voit cette partie dans le tout avec toute la convenance & toute la proportion qui les affortit l'un avec l'autre. Ainfi de quelque côté qu'il la confidere,
il eft hors de lui, & ravi en admiration il s'é-
crie : *Quam pulcra Tabernacula tua Jacob, & Tentoria tua Ifraël !* Que vous êtes admirables fous
vos Tentes, Enfans de Jacob ! quel ordre dans
vôtre Camp ! quelle merveilleufe beauté paroît
dans ces Pavillons fi fagement arrangez, & fi
vous caufez tant d'admiration fous vos Tentes
& dans vôtre marche, que fera-ce quand vous
ferez établis dans vôtre Patrie !

Il n'eft pas poffible, mes Freres, qu'à la vûë
de cette augufte Affemblée vous n'entriez dans
de pareils fentimens. Une des plus belles par-
ties de l'Eglife Univerfelle fe prefente à vous.
C'eft l'Eglife Gallicane qui vous a tous engen-

A iij

drez en JESUS-CHRIST : Eglife renommée dans tous les fiecles, aujourd'hui reprefentée par tant de Prelats que vous voïez affiftez de l'élite de leur Clergé, & tous enfemble prefts à vous benir, prefts à vous inftruire felon l'ordre qu'ils en ont reçû du Ciel. C'eft en leur nom que je vous parle; c'eft par leur authorité que je vous prêche. Qu'elle eft belle cette Eglife Gallicane, pleine de fcience & de vertu ! mais qu'elle eft belle dans fon tout qui eft l'Eglife Catholique, & qu'elle eft belle faintement & inviolablement unie à fon Chef, c'eft-à-dire au Succeffeur de Saint Pierre ! O que cette union ne foit point troublée ! que rien n'altere cette paix & cette unité où Dieu habite ! Efprit Saint, Efprit Pacifique, qui faites habiter les Freres unanimement dans vôtre Maifon, affermiffez-y la paix. La paix eft l'objet de cette Affemblée : au moindre bruit de divifion nous accourons effraïez pour unir parfaitement le Corps de l'Eglife; le Pere & les Enfans; le Chef & les Membres; le Sacerdoce & l'Empire. Mais puifqu'il s'agit d'unité, commençons à nous unir par des vœux communs & demandons tous enfemble la grace du Saint Efprit par l'interceffion de la Sainte Vierge. *Ave.*

Messeigneurs,

Regarde & fais selon le modele qui t'a été montré sur Exod. xxv. *la montagne.* C'est ce qui fut dit à Moyse lorsqu'il 40. eut ordre de construire le Tabernacle. Mais S. Paul Heb. viii. 9. nous avertit que ce n'est point ce Tabernacle bâti de main d'homme qui doit être travaillé avec tant de soin & formé sur ce beau modele. C'est le vrai Tabernacle de Dieu & des hommes, c'est l'Eglise Catholique où Dieu habite & dont le plan est fait dans le Ciel. C'est aussi pour cette raison que S. Jean voïoit dans l'Apocalypse *la Sainte Cité de Je-* Apocal. xxi. *rusalem,* & l'Eglise qui commençoit à s'établir par 10. toute la terre; il la voïoit, dis-je, descendre du Ciel. C'est là que les desseins en ont esté pris: *regarde & fais selon le dessein qui t'a été montré sur cette montagne.*

Mais pourquoi parler de Saint Jean & de Moyse ? écoutons Jesus-Christ lui-même. Il nous dira *qu'il ne fait rien que ce qu'il voit fai-* Joan. v. 19. *re à son Pere.* Qu'a-t-il donc vû, Chrétiens, quand il a formé son Eglise ? qu'a-t-il vû dans la Lumiere éternelle & dans les Splendeurs des Saints où il a esté engendré devant l'aurore ? C'est le secret de l'Epoux, & nul autre que l'Epoux ne le peut dire.

Pere Saint, je vous recommande ceux que vous Joan xvii. *m'avez donnez,* je vous recommande mon Eglise: 11. *Gardez-les en vôtre nom, afin qu'ils soient un comme nous* ; Et encore, *comme vous estes en moy* &) Ibid. 20.

moy en vous, ô mon Pere, ainsi qu'ils soient un en nous. Qu'ils soient un comme nous ; qu'ils soient un en nous : Je vous entends, ô Sauveur; vous voulez faire vôtre Eglise belle ; vous commencez par la faire parfaitement une : car qu'est-ce que la beauté sinon un rapport, une convenance, & enfin une espece d'unité ? Rien n'est plus beau que la nature divine, ou le nombre même, qui ne subsiste que dans les rapports mutuels de trois Personnes égales, se termine en une parfaite unité : Aprés la divinité rien n'est plus beau que l'Eglise, où l'unité divine est representée. *Un comme nous ; un en nous : regardez & faites suivant ce modele.*

Une si grande lumiere nous éblouïroit : descendons, & considerons l'unité avec la beauté dans les Chœurs des Anges. La lumiere s'y distribuë sans se diviser : elle passe d'un Ordre à un autre, d'un Chœur à un autre avec une parfaite correspondance, parce qu'il y a une parfaite subordination. Les Anges ne dédaignent pas de se soûmettre aux Archanges, ny les Archanges de reconnoître les Puissances superieures. C'est une armée où tout marche avec ordre, & comme disoit ce Patriarche : *C'est icy le Camp de Dieu.* C'est pourquoi dans ce combat donné dans le Ciel on nous represente *Michel & ses Anges* contre *Sathan & ses Anges* : il y a un Chef dans chaque parti ; mais ceux qui disent avec Saint Michel

Genes.
xxxii. 2.
Apoc. xii. 7.

Michel, *qui égale Dieu?* triomphent des orgueilleux, qui difent, qui nous égale? & les Anges victorieux demeurent unis à leur Createur fous le Chef qu'il leur a donné. O JESUS qui n'êtes pas moins le Chef des Anges que celui des hommes : *Regardez & faites felon ce modele* : que la fainte Hierarchie de vôtre Eglife foit formée fur celle des Efprits celeftes : car comme dit Saint Gregoire, *Si la feule beauté de l'Ordre fait qu'il fe trouve tant d'obeïffance où il n'y a point de peché, combien plus doit-il y avoir de fubordination & de dépendance parmi nous où le peché mettroit tout en confufion fans ce fecours?* Greg. lib.IV. Epift. 52.

Selon cét ordre admirable toute la nature Angelique a enfemble une immortelle beauté, & chaque Troupe, chaque Chœur des Anges a fa beauté particuliere infeparable de celle du tout. Cét ordre a paffé du Ciel à la terre, & je vous ay dit d'abord qu'outre la beauté de l'Eglife Univerfelle qui confifte dans l'affemblage du Tout, chaque Eglife placée dans un fi beau Tout avec une jufteffe parfaite a fa grace particuliere. Jufques ici tout nous eft commun avec les Saints Anges. Mais Saint Gregoire nous a fait remarquer que le peché n'eft point parmi eux. C'eft pourquoi la paix y regne éternellement : Cette Cité bien-heureufe d'où les fuperbes & les factieux ont efté bannis, où il n'eft refté que les humbles & les pacifiques, ne craint

B

plus d'être divifée. Le peché eft parmi nous; malgré nôtre infirmité l'orgueil y regne, & tirant tout à foy il nous arme les uns contre les autres. L'Eglife donc qui porte en fon fein dans ce fecret principe d'orgueil qu'elle ne ceffe de reformer dans fes Enfans une éternelle femence de divifion, n'auroit point de beauté durable, ny de véritable unité, fi elle ne trouvoit dans fon unité des moïens de s'y affermir quand elle eft menacée de divifion. Ecoutez, voici le myftere de l'unité Catholique & le principe immortel de la beauté de l'Eglife. Elle eft belle & une dans fon Tout; c'eft ma premiere partie, où nous verrons la beauté de tout le Corps de l'Eglife : Belle & une en chaque membre ; c'eft ma feconde partie, où nous verrons la beauté particuliere de l'Eglife Gallicane dans ce beau Tout de l'Eglife Univerfelle : Belle & une d'une beauté & d'une unité durable; c'eft ma derniere partie, où nous verrons dans le fein de l'unité Catholique des remedes pour prévenir les moindres commencemens de divifion & de trouble. Que de grandeur & que de beauté ! mais que de force, que de majefté, que de vigueur dans l'Eglife! Car ne croïez pas je parle d'une beauté furperficielle qui trompe les yeux : la vraye beauté vient de la fanté : ce qui rend l'Eglife forte la rend belle; fon unité la rend belle, fon unité la rend forte. Voïons donc dans fon unité, & fa beauté & sa force : Heureux si l'aïant vû belle premierement dans son Tout , & ensuite dans la partie à laquelle nous nous trouvons immediatement attachez, nous travaillons à finir jusqu'aux moindres dissensions qui pouroient defigurer une beauté si parfaite. Ce sera le fruit de ce Discours, & c'est sans doute le plus digne objet qu'on puisse proposer à un si grand Auditoire.

J'ay, Messieurs, à vous prêcher un grand mistere: c'est le mistere de l'unité de l'Eglise. Unie au dedans par le Saint Esprit, elle a encore un lien commun de sa Communion exterieure & doit demeurer unie par un gouvernement où l'authorité de Jesus-Christ soit representée. Ainsi l'unité garde l'unité, & sous le sceau du gouvernement Ecclesiastique l'unité de l'esprit est conservée. Quel est ce gouvernement ? quelle en est la forme ? ne disons rien de nous-mêmes : ouvrons l'Evangile : l'Agneau a levé les sceaux de ce sacré Livre & la Tradition de l'Eglise a tout expliqué. {I. Point.}

Nous trouverons dans l'Evangile que Jesus-Christ voulant commencer le mistere de l'unité dans son Eglise, parmi tous les Disciples en choisit douze : mais que voulant consommer le mistere de l'unité dans la même Eglise parmi les douze il en choisit un. *Il appella ses Disciples*, dit l'Evangile ; les voilà tous : *& parmi eux il en* {Luc. vi. 13.}

choisit douze ; voilà une premiere separation, & les Apôtres choisis : *Et voici les noms des douze*

Mat. x. 2. *Apôtres ; le premier est Simon qu'on appelle Pierre.* Voilà dans une seconde separation Saint Pierre mis à la tête, & appellé pour cette raison du nom de Pierre, *que* Jesus-Christ, dit Saint

Marc. III. 16. Marc, *lui avoit donné* ; pour preparer, comme vous verrez, l'ouvrage qu'il méditoit d'élever tout son édifice sur cette pierre. Tout ceci n'est encore qu'un commencement du mistere de l'unité. Jesus-Christ en le commençant parloit encore à plusieurs : *Allez, préchez, je vous*

Math. x. 6. *envoïe : Ite, prædicate, mitto vos :* mais quand il
7. 19. veut mettre la derniere main au mistere de l'unité, il ne parle plus à plusieurs ; il designe Pierre personnellement & par le nouveau nom qu'il luy a donné : c'est un seul qui parle à un seul : Jesus-Christ Fils de Dieu à Simon fils de Jonas : Jesus-Christ qui est la vraie pierre & fort par lui-même, à Simon qui n'est Pierre que par la force que Jesus-Christ lui communique : c'est à celui-là que J. Christ parle, & en lui parlant il agit en lui & y im-

Matt. xvi. prime le caractere de sa fermeté : *Et moi*, dit-il,
18. *je te dis à toi, tu es Pierre, &*, ajoute-t-il, *sur cette pierre j'établirai mon Eglise, &* conclut-il, *les portes d'enfer ne prévaudront point contr'elle.* Pour le preparer à cét honneur Jesus-Christ qui sçait que la foi qu'on a en lui est le fonde-

ment de son Eglise, inspire à Pierre une foi digne d'être le fondement de cét admirable édifice. *Vous estes le* CHRIST *Fils du Dieu vi-* Ibid. 16. *vant.* Par cette haute predication de la Foy il s'attire l'inviolable promesse qui le fait le fondement de l'Eglise. La parole de JESUS-CHRIST qui de rien fait ce qu'il lui plaist, donne cette force à un mortel. Qu'on ne dise point, qu'on ne pense point que ce ministere de S. Pierre finisse avec lui : ce qui doit servir de soutien à une Eglise éternelle ne peut jamais avoir de fin. Pierre vivra dans ses Successeurs; Pierre parlera toûjours Conc. Calc. dans sa Chaire : c'est ce que disent les Peres ; c'est act II. III. T. ce que confirment six cens trente Evêques au 4. Conc. Concile de Calcedoine. edit. ult. Par. relat. ad

JESUS-CHRIST ne parle pas sans effet. Leon. ibid. Pierre portera par tout avec lui dans cette hau- &c. te predication de la Foi le fondement des Eglises : & voici le chemin qu'il luy faut faire. Par Jerusalem la Cité Sainte, où JESUS-CHRIST a paru : où l'Eglise *devoit commencer* pour conti- Luc. XXIV. nuer la succession du peuple de Dieu : où Pierre 47. par consequent devoit être long-temps le Chef de la parole & de la conduite : d'où il alloit visi- Act. IX. 32. tant les Eglises persécutées, & les confirmant dans la Foi : où il faloit que le grand Paul ; Paul revenu du troisiéme Ciel, *le vinst voir* : Gal 1. 18. non pas Jaques quoi qu'il y fust ; un si grand Apôtre, *Frere du Seigneur*, Evêque de Jerusalem, Ibid. 19.

B iij

appellé le Juste & également respecté par les Chrétiens & par les Juifs : ce n'étoit pas lui que Paul devoit venir voir ; mais il est venu voir Pierre : & le voir, selon la force de l'Original, comme on vient voir une chose pleine de merveilles, & digne d'être recherchée : le contempler, l'étudier, dit Saint Chrysostome, & le voir *comme plus grand aussi bien que plus ancien que lui*, dit le même Pere : le voir neanmoins, non pour être instruit, lui que JESUS-CHRIST instruisoit lui-même par une revelation si expresse; mais afin de donner la forme aux siecles futurs, & qu'il demeurast établi à jamais que quelque docte, quelque Saint qu'on soit, fust-on un autre Saint Paul, il faut voir Pierre : par cette Sainte Cité & encore par Antioche, la Metropolitaine de l'Orient; mais ce n'est rien : la plus illustre Eglise du monde puisque c'est-là que le Nom de Chrétien a pris naissance; vous l'avez lû dans les Actes : Eglise fondée par Saint Barnabé & par Saint Paul; mais que la dignité de Pierre oblige à le reconnoître pour son premier Pasteur; l'Histoire Ecclesiastique en fait foi : où il faloit que Pierre vinst quand elle se fut distinguée des autres par une si éclatante profession du Christianisme, & que sa Chaire à Antioche fist une solemnité dans les Eglises : Par ces deux villes illustres dans l'Eglise Chrétienne par des caracteres si marquez, il faloit qu'il vinst à Ro-

Cap. 2. comm. in Ep. ad Gal.

Act. xi. 26.

me plus illuſtre encore : Rome le Chef de l'Idolatrie auſſi bien que de l'Empire ; mais Rome qui pour ſignaler le triomphe de Jesus-Christ eſt predeſtinée à être le Chef de la Religion & de l'Egliſe doit devenir par cette raiſon la propre Egliſe de Saint Pierre, & voilà où il faut qu'il vienne par Jeruſalem, & par Antioche.

Mais pourquoi voïons-nous ici l'Apôtre Saint Paul ? le miſtere en feroit long à déduire. Souvenez-vous ſeulement du grand partage, où l'Univers fut comme diviſé entre Pierre & Paul : où Pierre chargé du tout en general par ſa Primauté & par un ordre exprés, chargé des Gen- *Act. x.* tils qu'il avoit reçus en la perſonne de Cornelius le Centurion, ne laiſſe pas pour faciliter la predication de ſe charger d'un ſoin ſpecial *Gal ii. 7.8.* des Juifs, comme Paul ſe chargea d'un ſoin *9.* ſpecial des Gentils. Puiſqu'il faloit partager, il faloit que le premier euſt les Aînez ; que le Chef à qui tout ſe devoit unir euſt le Peuple ſur lequel le reſte devoit être enté, & que le Vicaire de Jesus-Christ euſt le partage de Jesus-Christ même. Mais ce n'eſt pas encore aſſez, & il faut que Rome revienne au partage de Saint Pierre : car encore que comme Chef de la Gentilité elle fuſt plus que toutes les autres villes compriſe dans le partage de l'Apôtre des Gentils ; comme Chef de la Chrétienté, il faut que Pierre y fonde l'Egliſe : Ce n'eſt pas tout ; il faut que la commission extraordinaire de Paul expire avec luy à Rome, & que reünie à jamais pour ainsi parler à la Chaire suprême de Pierre à laquelle elle étoit subordonnée, elle éleve l'Eglise Romaine au comble de l'authorité & de la gloire : Disons encore ; quoi que ces deux Freres Saint Pierre & Saint Paul nouveaux Fondateurs de Rome, plus heureux comme plus unis que ses deux premiers Fondateurs, doivent consacrer ensemble l'Eglise Romaine ; quelque grand que soit Saint Paul, en science, en dons spirituels, en charité, en courage ; encore *qu'il ait travaillé plus que tous les autres Apôtres*, & qu'il paroisse étonné luy-même *de ses grandes revelations*, & de l'excez de ses lumieres ; il faut que la parole de JESUS-CHRIST prevale : Rome ne sera pas la Chaire de Saint Paul, mais la Chaire de Saint Pierre : c'est sous ce titre qu'elle sera plus assûrement que jamais le Chef du monde, & qui ne sçait ce qu'a chanté le grand Saint Prosper il y a plus de douze cens ans : *Rome le Siege de Pierre, devenuë sous ce titre le Chef de l'Ordre Pastoral dans tout l'Univers, s'assujettit par la Religion ce qu'elle n'a pû subjuguer par les armes.* Que volontiers nous repetons ce sacré Cantique d'un Pere de l'Eglise Gallicane ! c'est le Cantique de la paix, où dans la grandeur de Rome l'unité de toute l'Eglise est celebrée.

1. Cor. xv. 10.

2. Cor. II. 7.

Prosp. Carm. de ingr.

Ainsi

Ainsi fut établie & fixée à Rome la Chaire éternelle. C'est cette Eglise Romaine qui enseignée par S. Pierre & ses Successeurs, ne connoît point d'heresie. Les Donatistes affecterent d'y avoir un Siege & crurent se sauver par ce moïen du reproche qu'on leur faisoit que la Chaire d'unité leur manquoit. Mais la Chaire de pestilence ne put subsister ni avoir de succession auprés de la Chaire de verité. Les Manicheens se cacherent quelque temps dans cette Eglise : les y découvrir seulement, a esté les en bannir pour jamais. Ainsi les heresies ont pû y passer, mais non pas y prendre racine. Que contre la coûtume de tous leurs Predecesseurs un ou deux Souverains Pontifes, ou par violence ou par surprise, n'aïent pas assez constamment soûtenu, ou assez pleinement expliqué la doctrine de la Foi : consultez de toute la Terre, & répondant durant tant de siecles à toute sorte de questions, de doctrine, de discipline, de ceremonies, qu'une seule de leurs réponses se trouve notée par la souveraine rigueur d'un Concile Oecumenique : ces fautes particulieres n'ont pû faire aucune impression dans la Chaire de S. Pierre : Un vaisseau qui fend les eaux n'y laisse pas moins de vestiges de son passage : c'est Pierre qui a failli ; mais qu'un regard de JESUS rameine aussi-tost, & qui avant que le Fils de Dieu lui declare sa faute future, assûré de sa

Opt. Mil. lib. 2. &c.

Leo Serm. 41 qui est. IV. de quad. c. 5. &c.

Luc. XXII. 61.

C

<small>Ibid. 32.</small> conversion, reçoit l'ordre *de confirmer ses Freres*. Et quels Freres ? les Apôtres : les colonnes même : combien plus les siecles suivans ? Qu'a servi à l'heresie des Monothelites d'avoir pû surprendre un Pape ? l'anatheme qui lui a donné le premier coup n'en est pas moins parti de cette Chaire qu'elle tenta vainement d'occuper, & le <small>Conc. Const.</small> Concile VI. ne s'en est pas écrié avec moins <small>III. Gen. VI.</small> de force : *Pierre a parlé par Agathon*. Toutes les <small>Serm. ac-</small> autres heresies ont reçû du même endroit le <small>clam. ad</small> <small>Imp. act. 18.</small> coup mortel. Ainsi l'Eglise Romaine est toû- <small>T. 6. Conc.</small> jours Vierge ; la Foi Romaine est toûjours la Foi de l'Eglise, on croit toûjours ce qu'on a crû, la même voix retentit par tout, & Pierre demeure dans ses Successeurs le fondement des Fideles. C'est JESUS-CHRIST qui l'a dit & le Ciel & la Terre passeront plûtost que sa parole.

Mais voïons encore en un mot la suite de cette parole. JESUS-CHRIST poursuit son dessein, & aprés avoir dit à Pierre éternel Pré- <small>Mat. XVI.</small> dicateur de la Foi : *Tu es Pierre, & sur cette* <small>18. 19.</small> *Pierre je bâtirai mon Eglise*, il ajoûte, *& je te donnerai les Clefs du Roïaume des Cieux*. Toi qui as la prerogative de la predication de la Foi, tu auras aussi les Clefs qui designent l'autorité du Gouvernement ; *ce que tu lieras sur la Terre, sera lié dans le Ciel, & ce que tu delieras sur la Terre, sera delié dans le Ciel*. Tout est soûmis à ces Clefs : tout, mes Freres, Rois & Peuples, Pasteurs & Troupeaux : Nous le publions avec joye; car nous aimons l'unité & nous tenons à gloire nôtre obéïssance. C'est à Pierre qu'il est ordonné premierement *d'aimer plus que tous les* *autres* Apôtres, & ensuite *de paître* & gouverner tout, *& les agneaux & les brebis*, & les petits & les meres, & les Pasteurs mêmes : Pasteurs à l'égard des peuples & brebis à l'égard de Pierre, ils honorent en lui JESUS-CHRIST, confessant aussi qu'avec raison on lui demande un plus grand amour, puisqu'il a plus de dignité avec plus de charge, & que parmi nous, sous la discipline d'un Maître tel que le nôtre, il faut selon sa parole que *le premier soit* comme lui par la charité *le Serviteur de tous les autres.* Joan. XXI. 15. 16. 17.

Marc. x. 44.

Ainsi S. Pierre paroît le premier en toutes manieres : le premier à confesser la Foi : le premier dans l'obligation d'exercer l'amour : le premier de tous les Apôtres qui vid JESUS-CHRIST ressuscité des morts comme il en devoit être le premier témoin devant tout le peuple : le premier quand il fallut remplir le nombre des Apôtres : le premier qui confirma la Foi par un miracle : le premier à convertir les Juifs : le premier à recevoir les Gentils : le premier par tout; mais je ne puis pas tout dire. Tout concourt à établir sa Primauté; oüi, mes Freres, tout, jusqu'à ses fautes qui apprennent à ses Successeurs

Mat. XVI. 16.
Joan. XXI. 15. 16. 17.
1. Cor. xv. 5.
Act. II. 14. &c.
Act. I. 15.
Ibid. III. 6. 7.
Ibid. II. 14. &c.
Ibid. x.

C ij

à exercer une si grande puissance avec humilité & condescendance. Car JESUS-CHRIST est le seul Pontife, qui au dessus, dit Saint Paul, du peché & de l'ignorance, n'a pû ressentir la foiblesse humaine que dans la mortalité, ny apprendre la compassion que par ses souffrances. Mais les Pontifes ses Vicaires, qui tous les jours disent avec nous, *pardonnez-nous nos fautes*, apprennent à compatir d'une autre maniere, & ne se glorifient pas du tresor qu'ils portent dans un vaisseau si fragile.

<small>Heb. II. 17. 18. IV. 15. VII. 26. &c.</small>

Mais une autre faute de Pierre donne une autre leçon à toute l'Eglise. Il en avoit déja pris le gouvernement en main quand Saint Paul lui dit en face, *qu'il ne marchoit pas droittement selon l'Evangile*, parce qu'en s'éloignant trop des Gentils convertis il mettoit quelque espece de division dans l'Eglise. Il ne manquoit pas dans la Foi; mais dans la conduite : Je le sçai, les anciens l'ont dit, & il est certain : Mais enfin Saint Paul faisoit voir à un si grand Apôtre qu'il manquoit dans la conduite ; & encore que cette faute luy fust commune avec Jaques, il ne s'en prend pas à Jaques, mais à Pierre qui étoit chargé du Gouvernement ; & il écrit la la faute de Pierre dans une Epître qu'on devoit lire éternellement dans toutes les Eglises avec le respect qu'on doit à l'autorité divine ; & Pierre qui le voit ne s'en fâche pas ; & Paul qui

<small>Gall. II. 11. 14.</small>

<small>Ibid. 2.</small>

l'écrit ne craint pas qu'on l'accuse d'être vain ; Ames celestes qui ne sont touchées que du bien commun ; qui écrivent, qui laissent écrire aux dépens de tout, ce qu'ils croïent utile à la conversion des Gentils & à l'instruction de la posterité. Il falloit que dans un Pontife aussi éminent que Saint Pierre les Pontifes ses Successeurs apprissent à prêter l'oreille à leurs inferieurs, lors que beaucoup moindres que Saint Paul & dans de moindres sujets, ils lui parleroient avec moins de force, mais toûjours avec le même dessein de pacifier l'Eglise. Voilà ce que Saint Cyprien, Saint Augustin, & les autres Peres ont remarqué dans cét exemple de Saint Pierre. Admirons aprés ces grands Hommes dans l'humilité, l'ornement le plus necessaire des grandes Places ; & quelque chose de plus venerable dans la modestie que dans tous les autres dons ; & le monde plus disposé à l'obéïssance quand celui, à qui on la doit, obéït le premier à la raison ; & Pierre qui se corrige plus grand s'il se peut que Paul qui le reprend.

Suivons ; ne vous lassez point d'entendre le grand mistere qu'une raison necessaire nous oblige aujourd'hui de vous prêcher. On veut de la Morale dans les Sermons, & on a raison pourvû qu'on entende que la Morale Chrétienne est fondée sur les misteres du Christianisme. Ce que je vous prêche, *je vous le dis, est un grand* Eph. v, 32.

miſtere en JESUS-CHRIST *&* en ſon Egliſe, & ce miſtere eſt le fondement de cette belle Morale qui unit tous les Chrétiens dans la paix, dans l'obéïſſance, & dans l'unité Catholique.

Vous avez vû cette unité dans le Saint Siege: la voulez-vous voir dans tout l'Ordre & dans tout le College Epiſcopal? mais c'eſt encore en Saint Pierre qu'elle doit paroître, & encore dans Mat.XVI.19. ces paroles, *Tout ce que tu lieras ſera lié; tout ce que tu délieras ſera délié.* Tous les Papes & tous les Saints Peres l'ont enſeigné d'un commun accord. Oüi, mes Freres, ces grandes paroles où vous avez vû ſi clairement la Primauté de Saint Pierre, ont érigé les Evêques, puiſque la force de leur miniſtere conſiſte à lier ou à délier ceux qui croyent ou ne croyent pas à leur parole. Ainſi cette divine puiſſance de lier & de délier eſt une annexe neceſſaire & comme le dernier ſçeau de la predication que JESUS-CHRIST leur a confiée & vous voïez en paſſant tout l'ordre de la Juridiction Eccleſiaſtique. C'eſt pourquoi le meſme qui a dit à Saint Pierre: *Tout ce que tu lieras ſera lié, tout que tu délieras* Mat.XVIII.18 *ſera délié,* a dit la même choſe à tous les Apôtres, Joan. XX. 23. & leur a dit encore, *tous ceux dont vous remettrez les pechez ils leur ſeront remis, & tous ceux dont vous retiendrez les pechez ils leur ſeront retenus,* Qu'eſt-ce que lier ſinon retenir, & qu'eſt-ce que délier ſinon remettre? & le même qui

donne à Pierre cette puissance, la donne aussi
de sa propre bouche à tous les Apôtres. *Comme* Ibid. 21.
mon Pere m'a envoyé, ainsi, dit-il, *je vous envoye*;
on ne peut voir ny une puissance mieux établie, ny une mission plus immédiate. Aussi Ibid. 22.
souffle-t-il également sur tous ; il répand sur
tous le même Esprit avec ce souffle en leur di-
sant, *recevez le Saint Esprit, ceux dont vous re-*
mettrez les pechez ils sont remis & le reste que
nous avons recité. C'étoit donc manifestement
le dessein de JESUS-CHRIST de mettre premierement dans un seul ce que dans la suite il
vouloit mettre dans plusieurs. Mais la suite ne
renverse pas le commencement, & le premier ne
perd pas sa place. Cette premiere parole, *tout ce*
que tu lieras, dite à un seul, a déja rangé sous
sa puissance chacun de ceux à qui on dira, *tout*
ce que vous remettrez; car les promesses de JESUS-
CHRIST aussi bien que ses dons sont sans repen-
tance, & ce qui est une fois donné indéfiniment
& universellement est irrevocable : outre que la
puissance donnée à plusieurs, porte sa restri-
ction dans son partage; au lieu que la puissance donnée à un seul, & sur tous, & sans excep-
tion, emporte la plenitude, & n'ayant à se partager avec aucun autre, elle n'a de bornes que
celles que donne la Regle. C'est pourquoi nos
anciens Docteurs de Paris que je pourois ici
nommer avec honneur, ont tous reconnu d'une

même voix dans la Chaire de Saint Pierre la plenitude de la Puiſſance Apoſtolique : c'eſt un point décidé & réſolu : mais ils demandent ſeulement qu'elle ſoit réglée dans ſon exercice par les Canons, c'eſt-à-dire, par les Loix communes de toute l'Egliſe, de peur que s'élevant au deſſus de tout elle ne détruiſe elle-même ſes propres Decrets. Ainſi le miſtere eſt entendu : tous reçoivent la même puiſſance & tous de la même ſource ; mais non pas tous en même degré, ni avec la même étenduë : car J. CHRIST ſe communique en telle meſure qu'il lui plaiſt & toûjours de la maniere la plus convenable à établir l'unité de ſon Egliſe. C'eſt pourquoi il commence par le premier : & dans ce premier il forme le tout : & lui-même il développe avec ordre ce qu'il a mis dans un ſeul : *& Pierre*, dit Saint Auguſtin, *qui dans l'honneur de ſa Primauté repreſentoit toute l'Egliſe ; reçoit auſſi le premier & le ſeul* d'abord *les Clefs qui* dans la ſuite *devoient être communiquées à tous les autres*, afin que nous apprenions, ſelon la doctrine d'un Saint Evêque de l'Egliſe Gallicane, que l'authorité Eccléſiaſtique premierement établie en la perſonne d'un ſeul ne s'eſt répanduë qu'à condition d'être toûjours ramenée au principe de ſon unité & que tous ceux qui auront à l'exercer, ſe doivent tenir inſéparablement unis à la même Chaire.

<small>Aug. Tr.ult. in Joan. Ev. &c.

Opt. Mil. lib. 7.

Cæſar Arel. Epiſt. ad Symm. T. I. Conc. Gall.</small>

C'eſt

C'est cette Chaire Romaine tant célébrée par les Peres où ils ont exalté comme à l'envi la *Principauté de la Chaire Apostolique ; la Principauté principale ; la source de l'unité (t) dans la place de Pierre l'éminent degré de la Chaire Sacerdotale ; l'Eglise Mere qui tient en sa main la conduite de toutes les autres Eglises ; le Chef de l'Episcopat d'où part le rayon du Gouvernement ; la Chaire principale ; la Chaire unique en laquelle seule tous gardent l'unité* : vous entendez dans ces mots S. Optat, S. Augustin, S. Cyprien, S. Irénée, Saint Prosper, Saint Avite, Saint Theodoret, le Concile de Calcedoine & les autres; l'Afrique, les Gaules, la Grece, l'Asie; l'Orient & l'Occident unis ensemble : & voilà sans préjudice des lumieres divines, extraordinaires & surabondantes , & de la puissance proportionnée à de si grandes lumieres qui étoit pour les premiers temps dans les Apôtres premiers Fondateurs de toutes les Eglises Chrétiennes, voilà, dis-je, ce qui doit rester selon la parole de Jesus-Christ & la constante Tradition de nos Peres dans l'ordre commun de l'Eglise : & puisque c'étoit le conseil de Dieu de permettre pour éprouver ses Fideles , qu'il s'élevast des schismes & des héresies, il n'y avoit point de constitution ni plus ferme pour se soutenir ni plus forte pour les abatre. Par cette constitution tout est fort dans l'Eglise, parce que tout y est

Aug. Ep. 162
Iren. lib. III.
3. Cyp. Ep.
51. 54. Theo.
Ep. ad Ren.
Avit. Ep. ad
Faust. T. I.
Conc. Gall.
Prosp. carm.
de ing.
Conc. Calcedon. relat. ad
Leon.
Libell. Joan.
Cp. T. IV.
Conc.
Opt. Mil.
lib. 2.

divin & que tout y eſt uni ; & comme chaque partie eſt divine, le lien auſſi eſt divin ; & l'aſſemblage eſt tel que chaque partie agit avec la force du tout. C'eſt pourquoi nos Predeceſſeurs qui ont dit ſi ſouvent dans leurs Conciles qu'ils agiſſoient dans leurs Egliſes, comme Vicaires de JESUS-CHRIST & Succeſſeurs des Apôtres qu'il a immédiatement envoïez, ont dit auſſi dans d'autres Conciles, comme ont fait les Papes, à Chalon, à Vienne & ailleurs, qu'ils agiſſoient au nom de Saint Pierre, *Vice Petri*; par l'authorité donnée à tous les Evêques en la perſonne de Saint Pierre, *auctoritate nobis in Petro conceſſa*; comme Vicaires de Saint Pierre, *Vicarii Petri* : & l'ont dit lors meſme qu'ils agiſſoient par leur authorité ordinaire & ſubordonnée; parce que tout a eſté mis premierement dans S. Pierre, & que la correſpondance eſt telle dans tout le corps de l'Egliſe que ce que fait chaque Evêque, ſelon la Reigle & dans l'eſprit de l'unité Catholique, toute l'Egliſe, tout l'Epiſcopat, & le Chef de l'Epiſcopat le fait avec lui.

S'il eſt ainſi, Chrétiens ; ſi les Evêques n'ont tous enſemble qu'une meſme Chaire par le rapport eſſentiel qu'ils ont tous avec la Chaire unique où Saint Pierre & ſes Succeſſeurs ſont aſſis; ſi en conſequence de cette doctrine ils doivent tous agir dans l'eſprit de l'unité Catholique, en ſorte que chaque Evêque ne diſe rien, ne faſſe

[marginalia: Conc. Meld. Præf. T. 1. Conc. Gal. &c. Conc Vienn. Cabil. Rem. T. IX Conc. Ciceſt. T. XI Yvo Carn. de Cath. Pet. Ant.]

rien, ne penſe rien que l'Egliſe Univerſelle ne puiſſe avoüer : que doit attendre l'Univers d'une Aſſemblée de tant d'Evêques ? M'eſt-il permis, MESSEIGNEURS, de vous adreſſer la parole : à vous de qui je la tiens aujourd'hui ; mais à vous qui eſtes mes Juges & les Interpretes de la volonté divine. Ha ſans doute ; puiſque c'eſt vous qui m'ouvrez la bouche, quand je vous parle, MESSEIGNEURS, ce n'eſt pas moi qui vous parle, c'eſt vous-meſmes qui vous parlez à vous-meſmes. Songeons que nous devons agir par l'eſprit de toute l'Egliſe ; ne ſoïons pas des hommes vulgaires que les vûës particulieres détournent du vrai eſprit de l'unité Catholique : nous agiſſons dans un Corps, dans le Corps de l'Epiſcopat & de l'Egliſe Catholique, où tout ce qui eſt contraire à la Reigle ne manque jamais d'être deteſté ; car l'Eſprit de verité y prévaut toûjours. Puiſſent nos réſolutions eſtre telles qu'elles ſoient dignes de nos Peres & dignes d'être adoptées par nos deſcendans : dignes enfin d'être contées parmi les Actes authentiques de l'Egliſe & inſerées avec honneur dans ces Regiſtres immortels, où ſont compris les Decrets qui regardent non ſeulement la vie préſente, mais encore la vie future & l'éternité toute entiere.

 La comprenez-vous maintenant cette immortelle beauté de l'Egliſe Catholique, où ſe ramaſſe ce que tous les lieux, ce que tous les ſiecles présens, passez & futurs ont de beau & de glorieux ? Que vous estes belle dans cette union, ô Eglise Catholique; mais en mesme temps que vous estes forte ! *Belle*; dit le Saint Cantique, *& agreable comme Jerusalem*; & en même temps, *terrible comme une armée rangée en bataille* : Belle comme Jérusalem où l'on voit une sainte uniformité, & une police admirable sous un même Chef : Belle assûrément dans vôtre paix, lorsque recueillie dans vos murailles vous loüez celui qui vous a choisie annonçant ses véritez à ses Fideles. Mais si les scandales s'élevent, si les ennemis de Dieu osent l'attaquer par leurs blasphemes : vous sortez de vos murailles, ô Jerusalem, & vous vous formez en armée pour les combattre : toûjours belle en cét état, car vôtre beauté ne vous quitte pas : mais tout à coup devenuë terrible. Car une armée qui paroît si belle dans une revûë, combien est elle terrible quand on voit tous les arcs bandez & toutes les piques hérissées contre soi ? Que vous estes donc terrible, ô Eglise Sainte, lorsque vous marchez, Pierre à vôtre tête & la Chaire de l'unité vous unissant toute; abattant les têtes superbes & toute hauteur qui s'éleve contre la science de Dieu ; pressant ses ennemis de tout le poids de vos bataillons serrez; les accablant tout ensemble & de toute l'autorité des siecles passez & de toute l'execration des siecles futurs; dissipant les heresies

Cant. VI. 3.

& les étouffant quelquefois dans leur naiffance; prenant les petits de Babilone & les herefies naiffantes & les brifant contre vôtre pierre; J. Christ vôtre Chef vous mouvant d'en-haut & vous uniffant; mais vous mouvant & vous uniffant par des inftrumens proportionnez, par des moïens convenables, par un Chef qui le reprefente, qui vous faffe en tout agir toute entiere & raffemble toutes vos forces dans une feule action.

Je ne m'étonne donc plus de la force de l'Eglife, ni de ce puiffant attrait de fon unité. Pleine de l'Efprit de celui qui dit, *Je tirerai tout à moi*, Joan. xii. 32. tout vient à elle : Juifs & Gentils, Grecs & Barbares. Les Juifs devoient venir les premiers, & malgré la reprobation de ce peuple ingrat, il y a ce précieux refte & ces bien-heureux refervez tant célébrez par les Prophetes. Prêchez, Pierre; tendez vos filets divin Pefcheur. Cinq mille, trois mille entreront d'abord, bien-toft fuivis d'un plus grand nombre. Mais Jesus- Joan. x. 16. Christ *a d'autres brebis qui ne font pas de ce bercail* : C'eft par vous, ô Pierre, qu'il veut commencer à les raffembler : Voïez ces ferpens, voïez ces reptiles & ces autres animaux immondes qui vous font préfentez du Ciel. C'eft les Gentils peuple immonde & peuple qui n'eft pas peuple : & que vous dit la voix celefte ? *tuë &* Act. x. 12. 13. *mange*, unis, incorpore, fais mourir la Gentilité dans ces peuples : & voilà en même temps

D iij

à la porte les envoïez de Cornelius, & Pierre qui a reçû les bien-heureux restes des Juifs, va consacrer les prémices des Gentils.

Aprés les prémices viendra le tout; aprés l'Officier romain, Rome viendra elle-même: aprés Rome viendront les peuples l'un sur l'autre. Quelle Eglise a enfanté tant d'autres Eglises ? D'abord tout l'Occident est venu par elle, & nous sommes venus des premiers : vous le verrez bien-tost: mais Rome n'est pas épuisée dans sa vieillesse & sa voix n'est pas éteinte; nuit & jour elle ne cesse de crier aux peuples les plus éloignez, afin de les appeller au banquet où tout est fait un : & voilà qu'à cette voix maternelle les extrémitez de l'Orient s'ébranlent & semblent vouloir enfanter une nouvelle Chrétienté pour réparer les ravages des dernieres heresies. C'est le destin de l'Eglise,

Apoc. II. 5. *Movebo candelabrum tuum*, *Je remuerai vôtre chandelier*, dit Jesus-Christ à l'Eglise d'Ephese; je vous ôterai la Foi; *je le remuerai*, il n'éteint pas la lumiere; il la transporte; elle passe à des climats plus heureux : Malheur, malheur encore une fois à qui la perd; mais la lumiere va son train & le Soleil acheve sa course.

Mais quoi; je ne voi pas encore les Rois & les Empereurs ? Où sont-ils ces illustres nourrisfiers tant de fois promis à l'Eglise par les Prophetes ? Ils viendront ; mais en leur temps. Ne voïez-vous pas dans un seul Pseaume le temps *où les nations entrent en fureur, où les Rois & les* Ps. 2. *Princes font de vains complots contre le Seigneur & contre son Christ* ? Mais je voi tout-à-coup un autre temps : *& nunc, & nunc,* & maintenant : c'est un autre temps qui va paroître. *Et nunc Reges intelligite,* & maintenant, ô Rois, entendez : durant le temps de vôtre ignorance vous avez combatu l'Eglise, & vous l'avez vû triompher malgré vous ; maintenant vous allez aider à son triomphe : *Et maintenant, ô Rois, entendez, instruisez-vous, Arbitres du monde, servez le Seigneur en crainte,* & le reste que vous sçavez.

Durant ces jours de tempête où l'Eglise comme un rocher devoit voir les efforts des Rois se briser contr'elle, demandez aux Chrétiens si les Cesars pouvoient être de leur Corps ; Tertullien vous répondra hardiment, que non. *Les* Tertull. A-*Cesars,* dit-il, *seroient Chrétiens s'ils pouvoient être* polog. *tout ensemble Chrétiens & Cesars.* Quoi les Cesars ne peuvent pas être Chrétiens ? ce n'est pas de ces excez de Tertullien ; il parloit au nom de toute l'Eglise dans cét admirable Apologetique, & ce qu'il dit est vrai à la lettre. Mais il faut distinguer les temps. Il y avoit le premier temps où l'on devoit voir l'Empire ennemi de l'Eglise, & tout ensemble vaincu par l'Eglise ; & le second temps où l'on devoit voir l'Empire réconcilié avec l'Eglife, & tout enfemble le rampart & la deffenfe de l'Eglife.

L'Eglife n'eft pas moins feconde que la Synagogue : elle doit comme elle avoir fes Davids, fes Salomons, fes Ezechias, fes Jofias dont la main Royale lui ferve d'appui. Comme elle, il faut qu'elle voïe la concorde de l'Empire & du Sacerdoce : un Jofué partager la terre aux Enfans de Dieu avec un Eleazar : un Jofaphat établir l'obfervance de la Loi avec un Amarias: un Joas reparer le Temple avec un Joïada : un Zorobabel en relever les ruines avec un Jefus fils de Jofedec : un Nehemias reformer le peuple avec un Efdras. Mais la Synagogue dont les promeffes font terreftres commence par la puiffance & par les armes : L'Eglife commence par la Croix & par les Martires; Fille du Ciel il faut qu'il paroiffe qu'elle eft née libre & indépendante dans fon état effentiel, & ne doit fon origine qu'au Pere celefte. Quand aprés trois cens ans de perfécution, parfaitement établie & parfaitement gouvernée durant tant de fiecles fans aucun fecours humain, il paroîtra clairement qu'elle ne tient rien de l'homme ; Venez maintenant, ô Cefars, il eft temps, *& nunc intelligite.* Tu vaincras, ô Conftantin, & Rome te fera foûmife; mais tu vaincras par la Croix : Rome verra la premiere ce grand fpectacle, un Empereur victorieux profterné devant le tombeau

d'un

d'un Pefcheur & devenu fon Difciple.

Depuis ce temps-là, Chrétiens, l'Eglife a appris d'en-haut à fe fervir des Rois & des Empereurs pour faire mieux fervir Dieu ; *pour élargir*, difoit Saint Grégoire, *les voies du Ciel*; pour donner un cours plus libre à l'Evangile, une force plus préfente à fes Canons, & un foûtien plus fenfible à fa difcipline. Greg. lib. 2. Ep. 62.

Que l'Eglife demeure feule : ne craignez rien ; Dieu eft avec elle & la foûtient au dedans : mais les Princes Religieux lui élevent par leur protection ces invincibles dehors qui la font joüir, difoit un grand Pape, d'une douce tranquillité à l'abri de leur autorité facrée. Innoc. II. Ep. 2. T. x. Conc.

Mais parlons toûjours comme il faut de l'Epoufe de Jesus-Christ; l'Eglife fe doit à elle-même & à fes fervices toutes les graces qu'elle a reçûës des Rois de la terre. Quel Ordre, quelle Compagnie, quelle Armée, quelque forte, quelque fidele & quelque agiffante qu'elle foit les a mieux fervis, que l'Eglife a fait par fa patience ? Dans ces cruelles perfecutions qu'elle endure fans murmurer durant tant de fiecles, en combattant pour Jesus-Christ, j'oferai le dire, elle ne combat guéres moins pour l'authorité des Princes qui la perfecutent. Ce combat n'eft pas indigne d'elle, puifque c'eft encore combattre pour l'ordre de Dieu. En effet n'eft-ce pas combattre pour l'autorité légitime que d'en fouffrir Conc.Aquif. II. T. II. Conc. Gall.

E

tout sans murmure. Ce n'étoit point par foiblesse : qui peut mourir n'est jamais foible ; mais c'est que l'Eglise sçavoit jusques où il lui étoit permis d'étendre sa résistance ; *nondum usque ad sanguinem restitistis : Vous n'avez pas encore resisté jusques au sang*, disoit l'Apôtre. Jusques au sang : c'est-à-dire, jusqu'à donner le sien & non pas jusqu'à répandre celui des autres. Quand on la veut forcer de desavoüer ou de taire les veritez de l'Evangile, elle ne peut que dire avec les Apôtres, *non possumus, non possumus* : que pretendez-vous ? *nous ne pouvons pas* : & en même temps découvrir le sein où l'on veut frapper : de sorte que le même sang qui rend témoignage à l'Evangile, le même sang le rend aussi à cette vérité ; que nul pretexte ni nulle raison ne peut autoriser les revoltes : qu'il faut reverer l'ordre du Ciel & le caractere du Tout-puissant dans tous les Princes quels qu'ils soient, puisque les plus beaux temps de l'Eglise nous le font voir sacré & inviolable même dans les Princes persecuteurs de l'Evangile. Ainsi leur Couronne est hors d'atteinte : l'Eglise leur a érigé un trône dans le lieu le plus seur de tous & le plus inaccessible ; dans la conscience même où Dieu a le sien, & c'est-là le fondement le plus assûré de la tranquillité publique.

Nous leur dirons donc sans crainte même en publiant leurs bienfaits, qu'il y a plus de justi-

Heb. XII. 4.

Act. IV. 19.

ce que de grace dans les privileges qu'ils accordent à l'Eglise & qu'ils ne pouvoient refuser de lui faire part de quelques honneurs de leur Royaume qu'elle prend tant de soin de leur conserver. Mais confessons en même temps, qu'au milieu de tant d'ennemis, de tant d'heretiques, de tant d'impies, de tant de rebelles qui nous environnent, nous devons beaucoup aux Princes qui nous mettent à couvert de leurs insultes & que nos mains desarmées que nous ne pouvons que tendre au Ciel, sont heureusement soutenuës par leur puissance.

Il le faut avoüer, MESSIEURS, nôtre ministere est pénible : s'opposer aux scandales, au torrent des mauvaises mœurs & au cours violent des passions qu'on trouve toûjours d'autant plus hautaines qu'elles sont plus déraisonnables : c'est un terrible ministere & on ne peut l'exercer sans rigueur. C'est ce que nos Predecesseurs assemblez dans les Conciles de Thionville & de Meaux appellent *la rigueur du salut des hommes*, *rigorem salutis humanæ*. L'Eglise assemblée dans ces Conciles demande l'assistance des Rois pour exercer plus facilement cette rigueur salutaire au genre humain & convaincuë par experience du besoin qu'elle a de leur protection pour aider les ames infirmes, c'est-à-dire le plus grand nombre de ses Enfans, elle ne se prive qu'avec peine de ce secours ; de sorte que la concorde du

Conc. Theodon. C. 6. repet. in Conc. Meld. T.III. Conc. Gall.

E ij

Sacerdoce & de l'Empire dans le cours ordinaire des choses humaines est un des soutiens de l'Eglise & fait partie de cette unité qui la rend si belle.

Car qu'y a-t-il de plus beau que d'entendre un Saint Empereur dire à un Saint Pape : *je ne vous puis rien refuser, puisque je vous dois tout en* JESUS-CHRIST. *Nihil tibi negare possum, cui per Deum omnia debeo :* Tout ce que vôtre autorité paternelle a reglé dans son Concile pour le rétablissement de l'Eglise ; je le loue, je l'approuve, je le confirme comme vôtre Fils : Je veux qu'il soit inseré parmi les Loix, qu'il fasse partie du Droit public & qu'il vive autant que l'Eglise : *Et in æternum mansura & humanis Legibus inserenda, & inter publica jura semper recipienda hac autoritate vivente Ecclesia victurâ :* ou d'entendre un Roi pieux dans un Concile ; c'étoit un Roi d'Angleterre : Ha nos entrailles s'émeuvent à ce nom & l'Eglise toûjours mere ne peut s'empêcher dans ce souvenir de renouveller ses gemissemens & ses vœux : passons & écoutons ce Saint Roi, ce nouveau David dire au Clergé assemblé. *Ego Constantini, vos Petri gladium habemus in manibus : jungamus dexteras : gladium gladio copulemus :* J'ai le glaive de Constantin à la main & vous y avez celui de Pierre ; donnons-nous la main, & joignons le glaive au glaive : que ceux qui n'ont pas la foi assez vive pour craindre les coups invisibles de

Henric. II.
Bened. VIII.
T. IX. Conc.

Eadg. Orat.
ad Cler. T.
IX. Conc.

vôtre glaive spirituel tremblent à la vûë du glaive Roïal. Ne craignez rien Saints Evêques, si
les hommes sont assez rebelles pour ne pas croire à vos paroles qui sont celles de Jesus-Christ,
des châtimens rigoureux leur en feront malgré
qu'ils en aïent sentir la force, *& la puissance
Roïale ne vous manquera jamais.*

A cét admirable spectacle qui ne s'écrieroit
encore une fois avec Balaam, *Quam pulcra Tabernacula tua Jacob!* O Eglise Catholique
que vous estes belle! le Saint Esprit vous anime;
le Saint Siege unit tous vos Pasteurs; les Rois
font la garde autour de vous; qui ne respecteroit vôtre puissance?

Paroissez maintenant Sainte Eglise Gallicane
avec vos Evêques Orthodoxes & avec vos Rois
Tres-Chrétiens & venez servir d'ornement à l'Eglise Universelle: & vous, Seigneur Tout-puissant, qui avez comblé cette Eglise de tant de
bienfaits, animez-moi de ce même Esprit dont
vous remplîtes David lorsqu'il chanta si noblement les graces de l'ancien peuple, afin qu'à
son exemple je puisse aujourd'hui avec tant d'Evêques & dans une si grande Assemblée celebrer
vos misericordes éternelles; *Quoniam bonus quoniam in æternum misericordia ejus.* C'est vous Seigneur qui excitâtes Saint Pierre & ses Successeurs
à nous envoïer dés les premiers temps les Evêques qui ont fondé nos Eglises. C'étoit le Con-

II. Point.

seil de Dieu que la Foi nous fust annoncée par le Saint Siege, afin qu'éternellement unis par des liens particuliers à ce centre commun de toute l'unité Catholique nous puissions dire avec un grand Archevéque de Reims, *La Sainte Egli-* *se Romaine, la Mere, la Nourrice & la Maîtresse* *de toutes les Eglises doit estre consultée dans tous les* *doutes qui regardent la Foi & les mœurs, principa-* *lement par ceux qui comme nous ont esté engendrez* *en* JESUS-CHRIST *par son ministere & nourris* *par elle du laict de la doctrine Catholique.*

<small>Hincm. de divort.Loth. & Teutb.</small>

Il est vrai qu'il nous est venu d'Orient & par le ministere de Saint Polycarpe une autre Mission qui ne nous a pas esté moins fructueuse. C'est de-là que nous avons eû le venerable Vieillard Saint Pothin Fondateur de la celebre Eglise de Lion, & encore le grand Saint Irenée Successeur de son Martire aussi bien que de son Siege; Irenée digne de son nom & veritablement pacifique, qui fut envoïé à Rome & au Pape Saint Eleuthere de la part de l'Eglise Gallicane, Ambassadeur de la paix; qui depuis la procura aux Saintes Eglises d'Asie d'où il nous avoit esté envoïé ; qui retint le Pape S. Victor lorsqu'il les vouloit retrancher de la Communion & qui présidant au Concile des Saints Evêques des Gaules dont il étoit reputé le Pere, fit connoître à ce Saint Pape, qu'il ne falloit pas pousser toutes les affaires à l'extrémité, ni toûjours user

<small>Euseb. hist. Eccl. v. 3. edit. Val. Ibid 23. 24.</small>

d'un droit rigoureux. Mais comme l'Eglise est une par tout l'Univers, cette Mission Orientale n'a pas esté moins favorable à l'autorité du Saint Siege que ceux que le Saint Siege avoit immédiatement envoïez ; & le même Saint Irenée a prononcé cét oracle reveré de tous les siecles : *Quand nous exposons la Tradition que la tres-grande ; tres-ancienne & tres-celebre Eglise Romaine, fondée par les Apôtres Saint Pierre & Saint Paul, a reçûë des Apôtres & qu'elle a conservée jusqu'à nous par la succession de ses Evêques, nous confondons tous les heretiques, parce que c'est avec cette Eglise que toutes les Eglises & tous les Fideles qui sont par toute la terre, doivent s'accorder à cause de sa principale & excellente Principauté, & que c'est en elle que ces mêmes Fideles répandus par toute la terre ont conservé la Tradition qui vient des Apôtres.* Iren. lib. III. 3.

 Appuïée sur ces solides fondemens, l'Eglise Gallicane a esté forte comme la Tour de David. Quand le perfide Arius voulut renverser avec la divinité du Fils de Dieu le fondement de la Foi prêchée par Saint Pierre, & changer en creation & en adoption la generation éternelle de ce Fils unique ; cette superbe heresie soûtenuë par un Empereur ne trouva point de plus grand obstacle à ses progrez que la constance & la Foi de Saint Athanase d'Alexandrie & de S. Hilaire de Poitiers, & malgré l'inégalité de ces deux

Sieges, les deux Evêques furent égaux en gloire comme ils l'étoient en courage.

Pour perpetuer cette gloire de l'Eglise Gallicane, le celebre Saint Martin fut élevé sous la discipline de Saint Hilaire, & cette Eglise renouvellée par les exemples & par les miracles de cét homme incomparable, crut revoir le temps des Apôtres; Tant la providence divine fut soigneuse de réveiller parmi nous l'ancien esprit & d'y faite revivre les premieres graces!

Quand le temps fut arrivé que l'Empire Romain devoit tomber en Occident & que la Gaule devoit devenir France, Dieu ne laissa pas long-temps sous des Princes Idolatres une si noble partie de la Chrétienté & voulant transmettre aux Rois des François la garde de son Eglise qu'il avoit confiée aux Empereurs, il donna non seulement à la France, mais encore à tout l'Occident un nouveau Constantin en la personne de Clovis. La victoire miraculeuse qu'il envoïa du Ciel à ces deux Princes guerriers fut le gage de son amour & le glorieux attrait qui leur fit embrasser le Christianisme. La Foi fut victorieuse & la belliqueuse Nation des Francs connut que le Dieu de Clotilde étoit le vrai Dieu des Armées.

Alors Saint Remi vid en esprit qu'en engendrant en JESUS-CHRIST les Rois des François avec leur peuple, il donnoit à l'Eglise d'invincibles

vincibles protecteurs. Ce grand Saint & ce nouveau Samuel appellé pour sacrer les Rois, sacra ceux-ci, comme il dit lui-même, pour estre *les perpetuels deffenseurs de l'Eglise & des pauvres*; digne objet de la Royauté, & aprés leur avoir enseigné à faire fleurir les Eglises & à rendre les peuples heureux, (croïez que c'est lui-même qui vous parle, puisque je ne fais ici que reciter les paroles paternelles de cét Apôtre des François) il prioit Dieu nuit & jour qu'ils perseverassent dans la Foi & qu'ils regnassent selon les Regles qu'il leur avoit données, leur prédisant en même temps qu'en dilatant leur Royaume ils dilateroient celui de JESUS-CHRIST & que s'ils étoient fideles à garder les Loix qu'il leur prescrivoit de la part de Dieu, l'Empire Romain leur seroit donné, en sorte que des Rois de France sortiroient des Empereurs dignes de ce Nom qui feroient regner JESUS-CHRIST. Telles furent les benedictions que versa mille & mille fois le grand Saint Remi sur les François & sur leurs Rois qu'il appelloit toûjours ses chers enfans, loüant sans cesse la bonté divine de ce que pour affermir la Foi naissante de ce peuple beni de Dieu, elle avoit daigné par le ministere de sa main pecheresse (c'est ainsi qu'il parle) renouveller à la vûë de tous les François & de leur Roi les miracles qu'on avoit vû éclatter dans la premiere fondation des Eglises Chré-

Testam. S. Rem. ap. Flod. lib. I. c. 18.

Ibid. & c. 13.

F

tiennes. Tous les Saints qui étoient alors furent réjouis & dans le déclin de l'Empire Romain ils crûrent voir paroître dans les Rois de France *une nouvelle lumiere pour tout l'Occident : in Occiduis partibus novi jubaris lumen effulgurat :* & non seulement pour tout l'Occident, mais encore pour toute l'Eglise à laquelle ce nouveau Royaume promettoit de nouveaux progrez. C'est ce que disoit S. Avite, ce Docte & ce Saint Evêque de Vienne, ce grave & éloquent Deffenseur de l'Eglise Romaine, qui fut chargé par tous ses Collegues les Saints Evêques des Gaules de recommander aux Romains dans la cause du Pape Symmaque la cause commune de tout l'Episcopat, *parce que*, disoit ce grand Homme, *quand le Pape & le Chef de tous les Evêques est attaqué, ce n'est pas un seul Evêque, mais l'Episcopat tout entier qui est en peril.*

<small>Avit. Vien. Ep. ad Clod. T. 1. Conc. Gall.</small>

<small>Ep. ad Faust. &c. ibid.</small>

Tous les Conciles de ces temps font voir qu'en ce qui touchoit la Foi & la Discipline nos Saints Predecesseurs regardoient toûjours l'Eglise Romaine & se gouvernoient par ses Traditions. Tel étoit le sentiment de l'Eglise Gallicane qui en recevant par le ministere de S. Remi, Clovis & les François dans son sein, leur imprimoit dans le fond du cœur ce respect pour le Saint Siege dont ils devoient être les plus zelez aussi-bien que les plus puissans protecteurs. Les Papes connurent d'abord la protection qui leur étoit

<small>Ep. syn Episc. Gall. ad Leon. Arauf. 1. Præf. Bonif. II. Ep. ad Cæs. Ar. Vas. II. c. 3. 4. 5. Aur. III. c. 3. 25. &c. T. 1. Conc. Gall.</small>

envoyée du Ciel & reffentant dans nos Rois je ne fçai quoi de plus filial que dans les autres, que ne dirent-ils point alors comme par un fecret preffentiment à la loüange de leurs Protecteurs futurs ? Anaftafe II. du temps de Clovis croit voir dans le Royaume de France nouvellement converti *une colonne de fer que Dieu élevoit pour le foûtien de fa Sainte Eglife pendant que la charité fe refroidiffoit par tout ailleurs.* Pelage II. fe promet des defcendans de Clovis comme des voifins charitables de l'Italie & de Rome la même protection pour le Saint Siege qu'il avoit toûjours reçûë des Empereurs, & Saint Gregoire le plus Saint de tous encherit auffi fur fes Saints Predeceffeurs, lorfque touché de la Foi & du zele de ces Rois il les met *autant au deffus des autres Souverains que les Souverains font au deffus des particuliers.* {Anaft.II.Ep. 2. ad Clod. T.IV. Conc.} {Pel.II.Ep.ad Aunach. Autiff T. I. Conc. Gall.} {Greg. Mag. lib.v. Ep. 6.}

Leur Foi croiffoit en effet avec leur Empire & felon la prediction de tant de Saints l'Eglife s'étendoit par les Rois de France. L'Angleterre le fçait & le Moine Saint Auguftin fon premier Apôtre. Saint Boniface l'Apôtre de la Germanie & les autres Apôtres du Nord ne reçûrent pas un moindre fecours de la France, & Dieu montroit deflors par des fignes manifeftes, ce que les fiecles fuivans ont confirmé, qu'il vouloit que les conquêtes des François étendiffent celles de l'Eglife.

Les Enfans de Clovis ne marcherent pas dans les voïes que Saint Remi leur avoit marquées; Dieu les rejetta de devant sa face : mais il ne retira pas ses misericordes de dessus le Royaume de France. Une seconde Race fut élevée sur le Trône ; Dieu s'en mêla & le zele de la Religion s'accrut par ce changement. Témoin tant de Papes refugiez, protegez, rétablis, & comblez de biens sous cette Race. Les Papes & toute l'Eglise benirent Pepin qui en étoit le Chef ; les benedictions de Saint Remi passerent à lui : de lui sortit cét Empereur pere d'Empereurs que ce Saint Evêque semble avoir vû, & Charlemagne regna pour le bien de toute l'Eglise. Vaillant, sçavant, moderé, guerrier sans ambition & exemplaire dans sa vie, je le veux bien dire en passant malgré les reproches des siecles ignorans, ses conquêtes prodigieuses furent la dilatation du regne de Dieu & il se montra tres-Chrétien dans toutes ses œuvres. Il fit revivre les anciens Canons; les Conciles long-temps négligez furent rétablis & la Discipline revint avec eux. Si ce grand Prince rétablît les Lettres, ce fut pour mieux faire entendre les saintes Ecritures & l'ancienne Tradition par ce secours. L'Eglise Romaine fut consultée dans les affaires douteuses & ses réponses reçûës avec reverence furent des Loix inviolables. Il eut tant d'amour pour elle que le principal article de son Testament fut de recom-

Marginalia:
Paul. I. Ep. x. ad Fr. T. II. Conc. Gall.

De schol. institut. Capit. Baluz. T. I.

Conc. Francof. C. viii. T II. Conc. Gall.
Capit. a quis. ann. Imp. 3.
C. IV. Baluz.

mander à ses Successeurs la deffense de l'Eglise de Saint Pierre comme le precieux heritage de sa Maison qu'il avoit reçû de son Pere & de son Ayeul & qu'il vouloit laisser à ses Enfans. Ce même amour lui fit dire ce qui fut repeté depuis par tout un Concile sous l'un de ses descendans, que *quand cette Eglise imposeroit un joug à peine supportable, il le faudroit souffrir plûtost que de rompre la Communion avec elle.* Elle n'imposoit point de tel joug; mais ce sage Prince vouloit tout prévoir pour affermir l'union dans tous les cas. Au reste les Canons que lui envoïa son sage & intime ami le Pape Adrien n'étoient qu'un abregé de l'ancienne Discipline que l'Eglise de France regarde toûjours comme la source & le soûtien de ses libertez. Nous demandons encore d'être jugez par les Canons envoïez à ce grand Prince & sous un nouveau Charlemagne nous souhaittons d'avoir toûjours à vivre sous une semblable Discipline.

T. I. Capit. de divis. Regni. C. XV. Ibid.

Capit. Car. Magni de hon. Sed. Apost. an. Imp. I. Baluz. I. T. P. 357. Conc. Tribur. sub Arn. Imp. Can. 30. T. IX. Conc. Epit. Can. Had. an. 773. Capit. Angilr. data. T. II. Conc. Gall.

Jamais Regne n'a esté si fort ni si éclairé; jamais Prince n'a esté moins guidé par un faux zele; jamais on n'a mieux sçû distinguer les bornes des deux Puissances. On voit parler dans les Decrets du Concile de Francfort tantôt les Evêques seuls, tantôt le Prince seul & tantôt les deux Puissances ensemble. Je ne veux pas m'étendre sur les diverses matieres qui donnerent lieu à cette diversité; je remarquerai seulement que les

Conc. Francof. c. 1. 2. c. 3. 5. c. 4. 5. 6. 7. T. II. Conc. Gall.

* F iij

Ibid. c. 1.

Evêques aïant prononcé seuls la condamnation de la nouvelle heresie qu'on vid alors s'élever en Espagne, ce grand Roi sçût bien trouver sa place dans une occasion si importante. Comme son sçavoir éclattoit dans toute l'Eglise autant que son équité, les nouveaux heretiques le prierent

Ibid. Ep. Car. Magn.

de se rendre l'Arbitre de la cause. Charlemagne pour les confondre par eux-mêmes accepta l'offre; mais il sçavoit comment un Prince peut être Arbitre en ces matieres. Il consulta le S. Siege avant toutes choses; il écouta aussi les autres Evêques qu'il trouva conformes à leur Chef. C'est surquoi se regla ce Religieux Prince; c'est par ce canal qu'il reçut la doctrine de l'Evangile & l'ancienne Tradition de l'Eglise Catholique. C'est de-là qu'il apprit ce qu'il faloit croire, & sans discuter davantage la matiere dans la Lettre qu'il écrit aux nouveaux Docteurs, il

Ibid.

leur envoïe *les Lettres, les Decisions, & les Decrets formez par l'autorité Ecclesiastique, les exhortant à s'y soûmettre avec lui & à ne se croire pas plus sçavans que l'Eglise Universelle,* parce qu'ajoûtoit ce grand Prince, *aprés ce concours de l'autorité Apostolique & de l'unanimité Synodale vous ne pouvez plus éviter d'être tenus pour heretiques & nous n'osons plus avoir de communion avec vous.* Qu'on n'impute point à la France des sentimens nouveaux; voilà tous ses sentimens du temps de Charlemagne. Mais Charlemagne les avoit reçûs de plus haut & ils étoient venus des anciens Peres & dés l'origine du Christianisme. Le Saint Siege principalement & le Corps de l'Episcopat uni à son Chef, c'est où il faut trouver le depôt de la doctrine Ecclesiastique confié aux Evêques par les Apôtres. Car c'est aussi à cette unité qu'il est dit, *qui vous écoute m'écoute ;* & encore, *les portes d'Enfer ne prevaudront point contr'elle ;* & encore ; *vous estes la lumiere du monde ;* & encore, *dites-le à l'Eglise & s'il n'écoute pas l'Eglise qu'il vous soit comme un Gentil & un Publicain ;* & encore pour me servir du même passage qui est ici allegue par Charlemagne, *Je serai toûjours avec vous jusqu'à la consommation des siecles.* Ce grand Prince soûmis le premier à cette Regle ne craint plus aprés cela de condamner les heretiques comme déja condamnez par l'autorité de l'Eglise, & le jugement du S. Siege & du Concile de Francfort devint le sien.

Luc. x. 16.
Mat. xvi. 18. V. 14. xviii. 17.
Ibid. xviii. 20.

Est-il besoin de raconter ce que Charlemagne à l'exemple du Roi son Pere fit pour la grandeur temporelle du Saint Siege & de l'Eglise Romaine ? Qui ne sçait qu'elle doit à ces deux Princes & à leur Maison tout ce qu'elle possede de païs? Dieu qui vouloit que cette Eglise la Mere commune de tous les Royaumes, dans la suite ne fust dépendante d'aucun Roïaume dans le temporel, & que le Siege où tous les Fideles devoient garder l'unité, à la fin fust mis au dessus des partialitez que les divers interefts & les jaloufies d'Etat pourroient caufer, jetta les fondemens de ce grand deffein par Pepin & par Charlemagne. C'eft par une heureufe fuite de leur liberalité que l'Eglife independante dans fon Chef de toutes les Puiffances temporelles, fe voit en état d'exercer plus librement pour le bien commun & fous la commune protection des Rois Chrétiens cette puiffance celefte de regir les Ames, & que tenant en main la balance droite au milieu de tant d'Empires fouvent ennemis, elle entretient l'unité dans tout le Corps, tantôt par d'inflexibles Decrets, & tantôt par de fages temperamens.

L'Empire fortit trop tôt d'une Maifon & d'une Nation fi bien-faifante envers l'Eglife. Rome eut des Maiftres fâcheux & les Papes avoient tout à craindre tant des Empereurs que d'un peuple feditieux. Mais ils trouverent toûjours en nos Rois ces charitables voifins que le Pape Pelage II. avoit efperez. La France plus favorable à leur Puiffance facrée que l'Italie & que Rome même, leur devint comme un fecond Siege où ils tenoient leurs Conciles & d'où ils faifoient entendre leurs Oracles par toute l'Eglife. Troye, & Clermont, & Touloufe, & Tours, & Reims plufieurs fois & les autres Villes le peuvent dire; pour ne point parler ici de deux Conciles Univerfels tenus à Lion & d'un autre Concile Univerfel

verfel tenu à Vienne : tant les Papes ont pris plaifir à faire les Actes les plus importans & les plus authentiques de l'Eglife, dans le fein & avec la fidelle cooperation de l'Eglife Gallicane.

Cependant la troifiéme Race étoit montée fur le Trône : Race encore plus pieufe que les deux autres : qui auffi a toûjours vû augmenter fa gloire : qui feule dans tout l'Univers & depuis le commencement du monde fe voit fans interruption depuis fept cens ans toûjours couronnée & toûjours regnante : Race enfin qui devoit donner Saint Loüis au monde : en laquelle le monde étonné voit encore aujourd'hui de fi grandes chofes & en attend de plus grandes. Vous dirai-je combien de fois & en quels termes elle a efté benite par le Saint Siege ? Sous cette Race la France eft *un Roïaume cheri & beni de Dieu*, un Roïaume *dont l'exaltation eft infeparable de celle du Saint Siege* : un Roïaume : mais fi j'entreprenois de tout raconter le jour n'y fuffiroit pas. Alex.III.Ep. 30. T. X. Conc. Inn. III.Greg.IX. T. XI.Conc. I.P. pag. 27. 367. &c.

Auffi faut-il avoüer qu'il y a eû dans ces Rois avec beaucoup de Religion une Nobleffe qui les a fait reverer de toute la Terre & qui les a mis au deffus des autres Rois. Quand les Empereurs fe vantoient de combattre pour les interefts communs des Rois, les nôtres ont fçû trouver dans une plus noble conftitution de leur Etat & dans une plus grande hauteur de leur Couronne une plus sûre deffense, puisque sans qu'ils eussent besoin de se remuer, leur Majesté ne fut pas même attaquée dans ces premiers temps & que jamais ils n'ont esté obligez ni a soûtenir des guerres; ni ce qui est bien plus horrible à faire des Schismes pour la deffendre.

Ces Rois aussi Bienfaisans que Religieux, loin de profiter de la foiblesse des Papes toûjours refugiez dans leur Roïaume, se relâchoient volontairement de quelques-uns de leurs droits plûtôt que de troubler la paix de l'Eglise; & pendant que Saint Thomas de Cantorberi étoit banni d'Angleterre comme ennemi des droits de la Roïauté, la France plus équitable le recevoit en son sein comme le Martyr des libertez Ecclesiastiques. Nos Rois donnerent cét exemple à tout l'Univers: l'Eglise qu'ils honoroient les honoroit à son tour & l'égalité tant recommandée par l'Apôtre s'entretenoit par de mutuelles reconnoissances.

La pieté se ralentissoit & les desordres se multiplioient dans toute la terre. Dieu n'oublia pas la France. Au milieu de la barbarie & de l'ignorance elle produisit Saint Bernard; Apôtre, Prophete, Ange terrestre, par sa doctrine, par sa prédication, par ses miracles étonnans, & par une vie encore plus étonnante que ses miracles. C'est lui qui réveilla dans ce Royaume & qui répandit dans tout l'Univers l'esprit de pieté & de penitence. Jamais Sujet ne fut plus zélé pour son Prince ; jamais Prêtre ne fut plus soûmis à l'Episcopat ; jamais Enfant de l'Eglise ne deffendit mieux l'autorité Apostolique de sa Mere l'Eglise Romaine. Il regardoit dans le Pape seul tout ce qu'il y avoit de plus grand dans l'un & l'autre Testament ; un Abraham, un Melchisedech, un Moyse, un Aaron, un Saint Pierre, en un mot Jesus - Christ - même. Mais afin qu'une autorité sur laquelle l'Eglise est fondée, fût plus Sainte & plus venerable à tous les peuples, il ne cessa d'en separer autant qu'il pouvoit ce qui sembloit plûtost la deshonorer que l'agrandir. Tout est à vous, disoit-il, tout dépend du Chef; mais c'est avec un certain ordre ; on feroit un monstre du corps humain si on attachoit immédiatement tous les membres à la tête : c'est par les Evêques & les Archevêques qu'on doit venir au Saint Siege : ne troublez point cette Hierarchie qui est l'Image de celle des Anges. Vous pouvez tout, il est vrai ; mais un de vos Ancêtres disoit, *tout m'est permis, mais tout n'est pas convenable.* Vous avez la plenitude de la puissance ; mais rien ne convient mieux à la puissance que la Regle. Enfin l'Eglise Romaine est la Mere des Eglises, mais non une Maîtresse imperieuse, & vous estes non pas le Seigneur des Evêques, mais l'un d'eux : Paroles que ce Saint Homme n'a pas

Bern. de consid. lib. II.8, IV. 7.

Ibid. III. 4.

Ibid IV. 7.

proferées pour affoiblir une autorité qu'il a fait reverer à toute la Terre; mais afin de rappeller en la memoire du Succeſſeur de Saint Pierre cette excellente doctrine, que JESUS-CHRIST qui l'a élevé à une ſi grande puiſſance, n'a pas voulu neanmoins lui donner un caractere ſuperieur à celui de l'Epiſcopat, afin que dans cette haute elevation, il prît ſoin de conſerver dans tous les Evêques, la dignité d'un caractere qui lui eſt commun avec eux & qu'il ſongeaſt qu'il y a toûjours avec une grande autorité quelque choſe de doux & de fraternel dans le Gouvernement Eccleſiaſtique, puiſque ſi le Pape doit gouverner les Evêques, il les doit auſſi gouverner par les Loix communes que le Saint Siege a fait ſiennes en les confirmant. C'eſt ce que diſent tous les Papes; & encore qu'ils puiſſent diſpenſer des Loix pour l'utilité publique, le plus naturel exercice de leur puiſſance eſt de les faire obſerver en les obſervant les premiers comme ils en ont toûjours fait profeſſion dés l'origine du Chriſtianiſme. Voilà ce que diſoit Saint Bernard & tous les Saints de ce temps; Voilà ce qu'ont toûjours dit ceux qui ont eſté parmi nous les plus pieux. C'eſt auſſi ce qui obligea le Roi le plus Saint qui ait jamais porté la Couronne, le plus ſoûmis au Saint Siege & le plus ardent deffenſeur de la Foi Romaine (vous reconnoiſſez Saint Loüis) à perſeverer dans ces maximes & à

Ibid. III. 4.

publier une Pragmatique pour maintenir dans son Roïaume *le Droit commun & la puissance des* Prag. S. Lud. *Ordinaires selon les Conciles Generaux & les Institutions des Saints Peres.*

Ne demandez plus ce que c'est que les libertez de l'Eglise Gallicane. Les voilà toutes dans ces precieuses paroles de l'Ordonnance de Saint Loüis; nous n'en voulons jamais connoître d'autres. Nous mettons nôtre liberté à être sujets aux Canons, & plût à Dieu que l'execution en fust aussi effective dans la pratique que cette profession est magnifique dans nos livres. Quoi qu'il en soit, c'est nôtre Loi; nous faisons consister nôtre Liberté à marcher autant qu'il se peut *dans le Droit commun* qui est le principe, ou plûtost le fond de tout le bon ordre de l'Eglise; *sous la puissance Canonique des Ordinaires, selon les Conciles Generaux & les Institutions des Saints Peres:* état bien different de celui où la dureté de nos cœurs plûtost que l'indulgence des Souverains Dispensateurs nous a jettez; où les Privileges accablent les Loix; où les graces semblent vouloir prendre la place du Droit commun, tant elles se multiplient; où tant de Regles ne subsistent plus que dans la formalité qu'il faut observer d'en demander la dispense : & plust à Dieu que ces formules conservent du moins avec le souvenir des Canons l'esperance de les rétablir. C'est l'intention du S. Siege; c'en est l'esprit:

G iij.

il est certain : mais s'il faut autant qu'il se peut tendre au renouvellement des anciens Canons, combien religieusement faut-il conserver ce qui en reste, & sur tout ce qui est le fondement de la Discipline ? Si vous voïez donc vos Evêques demander humblement au Pape l'inviolable conservation de ces Canons & de la puissance ordinaire dans tous ses degrez, souvenez-vous qu'ils ne font que marcher sur les pas de Saint Loüis & de Charlemagne & imiter les Saints dont ils remplissent les Chaires. Ce n'est pas nous diviser d'avec le Saint Siege (à Dieu ne plaise) c'est au contraire conserver avec soin jusqu'aux moindres fibres qui tiennent les membres unis avec le Chef. Ce n'est pas diminuer la plenitude de la puissance Apostolique : l'Ocean même a ses bornes dans sa plenitude & s'il les outrepassoit sans mesure aucune, sa plenitude seroit un deluge qui ravageroit tout l'Univers. Au reste la puissance qu'il faut reconnoître dans le Saint Siege est si haute & si éminente, si chere & si venerable à tous les Fideles qu'il n'y a rien au dessus que toute l'Eglise Catholique ensemble : encore faut-il sçavoir connoître les besoins extraordinaires & les extrêmes perils où il faut que tout s'assemble & se reünisse. Ces maximes sont de tous les siecles ; mais dans l'un des derniers siecles, un besoin pressant de l'Eglise, un grand mal, un Schisme effroyable, obligea toute l'Eglise à les expliquer & à les mettre en pratique d'une façon plus expresse dans le Saint Concile de Pise & dans le Saint Concile de Constance. La France fut la plus zélée à les soûtenir; mais la France fut suivie de toute l'Eglise. Ces maximes supposées comme indubitables du commun consentement des Papes, de tous les Evêques, & de tous les Fideles rétablirent l'autorité du Saint Siege affoiblie par les divisions. Ces maximes mirent fin au Schisme, extirperent les heresies que le Schisme fortifioit, & firent esperer au monde malgré la dépravation des mœurs la reforme universelle de la Discipline dans toute la Chrétienté sans rien excepter. Ces maximes demeureront toûjours en depost dans l'Eglise Catholique. Les esprits inquiets & turbulents voudront s'en servir pour broüiller : mais les humbles, les pacifiques, les vrais Enfans de l'Eglise s'en serviront toûjours selon la Régle, dans les vrais besoins & pour des biens effectifs. Les cas où on le doit faire seroient aisez à marquer, puisqu'ils sont si clairement expliquez dans les Decrets du Concile de Constance ; mais il vaut mieux esperer que la déplorable necessité de réfléchir sur ces cas n'arrivera pas & que nos jours ne seront pas assez malheureux pour avoir besoin de tels remedes. Ha si le nom de Concile Oecumenique, nom si saint & si venerable doit être employé que ce ne soit pas en matiere contentieuse & *Conc.Const. Sess. v.*

pour faire durer de funestes divisions ; mais plûtoft pour reünir la Chrétienté déchirée par tant de Schismes & pour travailler à l'œuvre de reformation qui jamais n'est achevée durant cette vie ! Cependant conservons ces fortes maximes de nos Peres que l'Eglise Gallicane a trouvées dans la Tradition de l'Eglise Universelle; que les Universitez du Roïaume, & principalement celle de Paris ont prises des Saints Evêques & des Saints Docteurs qui ont toûjours éclairé l'Eglise de France, sans que le Saint Siege ait diminué les éloges qu'il a donnez à ces fameuses Universitez. Au contraire, c'est en sortant du Concile de Basle où ces maximes avoient esté renouvellées avec l'applaudissement de tout le Royaume que Pie II. qui le sçavoit puisqu'il avoit autrefois prêté sa plume à ce Concile, s'adressant à un Evêque de Paris dans l'Assemblée Generale de tous les Princes Chrêtiens lui parla ainsi de la France : *La France a beaucoup d'Universitez parmi lesquelles la vôtre, mon venerable Frere, est la plus illustre, parce qu'on y enseigne si bien la Theologie & que c'est un si grand honneur d'y pouvoir meriter le titre de Docteur : de sorte que le florissant Roïaume de France avec tous les avantages de la nature & de la fortune a encore ceux de la doctrine & de la pure Religion.* Voilà ce que dit un sçavant Pape qui n'ignoroit pas nos sentimens, puisqu'ils étoient alors dans leur plus grande

Urb. VI. Ep. 2. Tom. XI. Conc.

Pius II. in conu. Mant.

grande vigueur, & je puis dire qu'il en approuve
le fonds dans la Bulle, où en revoquant ce qu'il Bulla retract.
avoit dit avant son exaltation en faveur du Con- Pii II. in fine
cile de Basle, il declare qu'il n'en revere pas Conc.
moins le Concile de Constance dont il embrasse
les Decrets & nommément ceux où l'autorité & la puissance des Conciles est expliquée.

   Il sçavoit bien que la France n'abusoit point
de ces maximes puisque même elle venoit de
donner un exemple incomparable de modera-
tion dans la celebre Assemblée de Bourges, où
loüant les Peres de Basle qui soutenoient ces maximes, elle rejetta l'application outrée qu'ils en
firent contre le Pape Eugene IV. Nos Libertez
furent deffenduës : le Pape fut reconnu : le Schisme fut éteint dans sa naissance : tout fut paci-
fié : Qui fit un si grand ouvrage ? un grand Roi
fidelement assisté par le plus docte Clergé qui
fust au monde.

   Jamais il ne fut tant parlé des Libertez de
l'Eglise, & jamais il n'en fut posé un plus soli-
de fondement que dans ces paroles immortelles
de Charles VII. *Comme c'est*, dit-il, *le devoir des* Pragm. Car.
Prelats d'annoncer avec liberté la verité qu'ils ont VII.
apprise de JESUS-CHRIST : *c'est aussi le devoir
du Prince & de la recevoir de leur bouche, prouvée
par les Ecritures, & de l'executer avec efficace.* Voilà en effet le vrai fondement des Libertez de l'E-
glise : alors elle est vraiment libre quand elle dit

* H

la verité : quand elle la dit aux Rois qui l'aiment naturellement & qu'ils l'écoutent de leur bouche ; car alors s'accomplit cét Oracle du Fils de Dieu, *Vous connoîtrez la verité & la verité vous delivrera : & vous ferez vraiment libres.*

Joan. VIII. 32. 36.

Nous fommes accoûtumez à voir agir nos Rois Tres Chrétiens dans cét efprit. Depuis le temps qu'ils fe font rangez fous la difcipline de Saint Remi, ils n'ont jamais manqué d'écouter leurs Evêques Orthodoxes. L'Empire Romain vit fucceder au premier Empereur Chrétien un Empereur heretique. La fucceffion des Empereurs a fouvent efté deshonorée par de femblables defordres ; mais pour ne point reprocher aux autres Roïaumes leur malheureux fort, contentons-nous de dire avec humilité & actions-de-graces que la France eft le feul Roïaume qui jamais depuis tant de fiecles n'a vû changer la foi de fes Rois : elle n'en a jamais eû depuis plus de douze cens ans qui n'ait efté Enfant de l'Eglife Catholique : le Trône Roïal eft fans tache & toûjours uni au Saint Siege, il femble avoir participé à la fermeté de cette pierre. *Gratias Deo fuper inenarrabili dono ejus. Graces à Dieu fur ce don inexplicable de fa bonté.*

2. Cor. IX. 15.

En écoutant leurs Evêques dans la predication de la vraïe Foi, c'étoit une fuite naturelle que ces Rois les écoutaffent dans ce qui regarde la difcipline Ecclefiaftique. Loin de vouloir faire en ce point la Loi à l'Eglise, un Empereur Roi de France disoit aux Evêques : *Je veux qu'ap-* *puyez de nôtre secours & secondez de nôtre puissan-* *ce comme le bon ordre le prescrit, Famulante ut de-* *cet potestate nostra* (pesez ces paroles & remarquez que la puissance Roïale qui par tout ailleurs veut dominer & avec raison, ici ne veut que servir) *je veux donc*, dit cét Empereur, *que se-* *condez & servis par nôtre puissance vous puissiez* *executer ce que vôtre autorité demande* : Paroles dignes des Maîtres du Monde qui ne sont jamais plus dignes de l'être ni plus assûrez sur leur Trône que lorsqu'ils font respecter l'ordre que Dieu a établi. Lud. Pius. Capit. iv. Tit. II. T.II. Conc. Gall. Ep. ven. Rot. ad Amul. Lugd. T.III.

Ce langage ètoit ordinaire aux Rois Tres-Chrétiens; & ce que faisoient ces pieux Princes, ils ne cessoient de l'inspirer à leurs Officiers. Malheur, malheur à l'Eglise quand les deux Jurisdictions ont commencé à se regarder d'un œil jaloux ! O playe du Christianisme ! Ministres de l'Eglise, Ministres des Rois, & Ministres du Roi des Rois les uns & les autres quoi qu'établis d'une maniere differente, ha pourquoi vous divisez-vous ? l'ordre de Dieu est-il opposé à l'ordre de Dieu ? hé pourquoi ne songez-vous pas que vos fonctions sont unies, que servir Dieu c'est servir l'Etat, que servir l'Etat c'est servir Dieu ? mais l'autorité est aveugle; l'autorité veut toûjours monter, toûjours s'étendre, l'autorité se croit dégradée quand on lui montre ses bornes. Pourquoi accuser l'autorité ? accusons l'orgueil & disons comme l'Apôtre disoit de la Loi, l'autorité *est sainte & juste & bonne*; sainte elle vient de Dieu; *juste*, elle conserve le bien à un chacun; *bonne*, elle assûre le repos public: *mais l'iniquité afin de paroître iniquité se sert* de l'autorité pour mal faire, *en sorte que l'iniquité est souverainement inique quand elle peche* par l'autorité que Dieu a établie pour le bien des hommes.

<small>Rom. VII. 12.</small>

Nos Rois n'ont rien oublié pour empêcher ce desordre. Leurs Capitulaires ne parlent pas moins fortement pour les Evêques que les Conciles. C'est dans les Capitulaires des Rois qu'il est ordonné aux deux puissances au lieu d'entreprendre l'une sur l'autre *de s'aider mutuellement dans leurs fonctions*, & qu'il est ordonné en particulier aux *Comtes*, aux *Juges*, à ceux qui ont en main l'autorité Royale *d'être obéïssans aux Evêques*. C'est ce que portoit l'Ordonnance de Charlemagne & ce grand Prince ajoûtoit *qu'il ne pouvoit tenir pour de fideles sujets ceux qui n'étoient pas fideles à Dieu, ni en esperer une sincere obéïssance lorsqu'ils ne la rendoient pas aux Ministres de* JESUS-CHRIST *dans ce qui regardoit les causes de Dieu & les interests de l'Eglise*. C'étoit parler en Prince habile qui sçait en quoi l'obéïssance est dûë aux Evêques & ne confond point les

<small>Cap. 4. Car. Magn. T. I. Baluz. I. Capit. ap. Theod. de honor. Episc. & rel. Sacerd. Ibid. Coll. Anseg. &c. lib v. c. 14 170. Conc. Arel. VI. sub Car. Mag. c. 13. T. II. Conc. Gall. Capit. Car. Magni an. 811. 813. Ibid. &c.</small>

bornes des deux Puiſſances. Il merite d'autant plus d'en etre crû. Selon ſes Ordonnances on laiſſe aux Evêques l'autorité toute entiere dans les cauſes de Dieu & dans les intérests de l'Egliſe; & avec raiſon puiſqu'en cela l'ordre de Dieu, la grace attachée à leur caractere, l'Ecriture, la Tradition, les Canons & les Loix parlent pour eux. Qu'eſt-il beſoin d'alleguer les autres Rois? Que ne doivent point les Evêques au Grand Loüis? Que ne fait point ce Religieux Prince pour les interests de l'Egliſe? Pour qui a-t-il triomphé ſi ce n'eſt pour elle? quand tout, en un moment, ploïa ſous ſa main & que les Provinces ſe ſoûmirent comme à l'envi, n'ouvrit-il pas autant de Temples à l'Egliſe qu'il força de places? mais l'hereſie de Calvin fut la ſeule confonduë en ce temps. Aujourd'hui le Lutheraniſme, la ſource du mal & la tête de l'hereſie, eſt entamé : Heureux preſage pour l'Egliſe ! il commence à rendre les Temples uſurpez. L'un des plus grands de ces Temples, celui qui de deſſus les bords du Rhin éleve le plus haut & fait reverer de plus loin ſon ſacré ſommet, par la pieté de Loüis eſt ſanctifié de nouveau. Que ne doit eſperer la France lorſque fermée de tous côtez par d'invincibles barrieres, à couvert de la jalouſie, & aſſûrant la paix de l'Europe par celle dont ſon Roi la fera joüir, elle verra ce grand Prince tourner plus que jamais tous ſes ſoins au bon-heur des peu-

H iij

ples, & aux interefts de l'Eglife dont il fait les fiens ? Nous, mes Freres, nous qui vous parlons, nous avons oüi de la bouche de ce Prince incomparable, à la veille de ce départ glorieux qui tenoit toute l'Europe en fufpens, qu'il alloit travailler pour l'Eglife & pour l'Etat, deux chofes qu'on verroit toûjours infeparables dans tous fes deffeins. France tu vivras par ces maximes & rien ne fera plus inébranlable qu'un Roïaume uni fi étroitement à l'Eglife que Dieu foûtient ! Combien devons-nous cherir un Prince qui unit tous fes interefts à ceux de l'Eglife ? N'eft-il pas nôtre confolation & nôtre joie lui qui réjoüit tous les jours le Ciel & la Terre par tant de cenverfions ? Pouvons-nous n'être pas touchez pendant que par fon fecours nous ramenons tous les jours un fi grand nombre de nos Enfans dévoïez & qui reffent plus de joie de leur changement que l'Eglife Romaine leur Mere commune qui dilate fon fein pour les recevoir ? La main de Loüis étoit refervée pour achever de guerir les playes de l'Eglife. Déja celles de l'Epifcopat ne nous paroiffent plus irremediables. Outre cent Arrefts favorables, fous les aufpices d'un Prince qui ne veut que voir la raifon pour s'y foumettre, on ouvre les yeux : on ne lit plus les Canons & les Decrets des Saints Peres par pieces & par lambeaux pour nous y tendre des pieges ; on prend la fuite des Antiquitez Ecclefiaftiques &

si on entre dans cét esprit que verra-t-on à toutes les pages, que des monumens éternels de nôtre autorité sacrée ? *Nous ne nous préchons pas nous-mêmes quand nous parlons de cette sorte : mais nous préchons* JESUS-CHRIST *qui nous a établis ses Ministres & nous préchons tout ensemble que nous sommes en* JESUS-CHRIST *dévoüez à vôtre service.* Car qu'est-ce que l'Episcopat si ce n'est une servitude que la charité nous impose pour sauver les Ames & qu'est-ce que soûtenir l'Episcopat que soûtenir la Foi & la Discipline ? Il ne faut donc pas s'étonner si Loüis qui aime & honore l'Eglise, aime & honore nôtre ministere Apostolique. Que tarde un si Saint Pape à s'unir intimement au plus religieux de tous les Rois ? Un Pontificat si Saint & si desinteressé ne doit être memorable que par la paix & par les fruits de la paix qui seront, j'ose le prédire, l'humiliation des Infideles, la conversion des Heretiques & le rétablissement de la Discipline. Voilà l'objet de nos vœux & s'il faloit sacrifier quelque chose à un si grand bien craindroit-on d'en être blâmé ?

2. Cor.III.6.
IV. 5.

C'a toûjours esté dans l'Eglise un commencement de paix que d'assembler les Evêques Orthodoxes. JESUS-CHRIST est l'Auteur de la paix, JESUS-CHRIST est la paix lui-même; nous ne sommes jamais plus assûrez d'être assemblez en son nom ni par consequent de l'avoir

III. POINT.

selon sa promesse au milieu de nous que lorsque nous sommes assemblez pour la paix, & nous pouvons dire avec un ancien Pape *que nous sommes veritablement Ambassadeurs pour* JESUS-CHRIST *quand nous travaillons à la paix de l'Eglise : Pro Christo legatione fungimur cum paci Ecclesiæ studium impendere procuramus.* L'Episcopat qui est un, aime à s'unir : c'est en s'unissant qu'il se purifie : c'est en s'unissant qu'il se regle : c'est en s'unissant qu'il se reforme : mais sur tout c'est en s'unissant qu'il attire dans son unité le Dieu de la paix; & les Apôtres *étoient assemblez*, dit l'Evangeliste, quand JESUS-CHRIST leur vint dire, ce qu'ils disent ensuite à tout le peuple, *Pax vobis*, *la paix soit avec vous.*

<small>Joan. VIII. Ep. 80. T. IX. Conc.</small>

<small>Joan. xx. 19.</small>

Saint Bernard l'Ange de paix voïant un commencement de division entre l'Eglise & l'Etat écrivit à Loüis VII. *Il n'y a rien de plus necessaire que d'assembler les Evêques en ce temps*, & une des raisons qu'il en apporte, c'est, dit-il, à ce sage Prince, *que s'il est sorti de la rigueur de l'autorité Apostolique quelque chose dont Vôtre Majesté se trouve offensée*, *vos fideles Sujets travailleront à faire qu'il soit revoqué ou adouci autant qu'il le faut pour vôtre honneur.*

<small>Bern. Ep. 255.</small>

Et pour ce qui est de la Discipline, quand nous la voïons blessée, nous nous assemblons pour proposer les Canons, bornes naturelles de la puissance Ecclesiastique, qu'elle se fait elle-même

même par son exercice. Le Saint Siege aime cette voïe; le langage des Canons est son langage naturel & à la loüange immortelle de cette Eglise il n'y a rien de plus repeté dans ses Decretales ni rien de mieux établi dans sa pratique que la Loi qu'elle se fait d'observer & de faire observer les Saints Canons.

Les exemples nous feront mieux voir le succez de ces Saintes Assemblées. On rapporta dans un Concile de la Province de Lion un Privilege de Rome qu'on crût contre l'ordre. Nos Peres dirent aussi-tost selon leur coûtume ; *Relisant le Saint Concile de Calcedoine & les Sentences de plusieurs autres Peres authentiques, le Saint Concile a resolu que ce Privilege ne pouvoit subsister puisqu'il n'étoit pas conforme; mais contraire aux Constitutions Canoniques.* Conc. Ansan. an. 1025. T. IX. Conc.

Vous reconnoissez dans ces paroles l'ancien style de l'Eglise : Ce Concile est pourtant de l'onziéme siecle; afin que vous voïez dans tous les temps la suite de nos Traditions & la conduite toûjours uniforme de l'Eglise Gallicane.

Elle ne s'éleve pas contre le S. Siege puisqu'elle sçait au contraire qu'un Siege qui doit regler tout l'Univers, n'a jamais intention d'affoiblir la Regle: mais comme dans un si grand Siege, où un seul doit répondre à toute la Terre, il peut échaper quelque chose même à la plus grande vigilance, on y doit d'autant plus prendre garde que ce qui vient d'une autorité si éminente, pouroit à la fin passer pour Loi ou devenir un exemple pour la posterité.

C'est pourquoi dans ces occasions toutes les Eglises; mais principalement celle de France ont toûjours representé au Saint Siege avec un profond respect ce qu'ont reglé les Canons. Nous en avons un bel exemple dans le second Concile de Limoges qui est encore de l'onziéme siecle. On s'y plaignit d'une Sentence donnée par surprise & contre l'ordre Canonique par le Pape Jean XVIII. Nos Predecesseurs assemblez proposerent d'abord la Regle *qu'ils avoient reçûë*, disoient-ils, *des Pontifes Apostoliques & des autres Peres*. Ils ajoûterent ensuite comme un fondement incontestable *que le jugement de toute l'Eglise paroissoit principalement dans le Saint Siege Apostolique*. Ce ne fut pas sans remarquer l'ordre Canonique avec lequel les affaires y devoient être portées afin que ce jugement eût toute sa force, & la conclusion fut que *les Pontifes Apostoliques ne devoient pas revoquer les Sentences des Evéques* (contre cét ordre Canonique) *parce que comme les membres sont obligez à suivre leur Chef, il ne faut pas aussi que le Chef afflige ses membres*.

Comme ç'a toûjours esté la coûtume de l'Eglise de France de proposer les Canons, ç'a toûjours esté la coûtume du Saint Siege d'écouter volontiers de tels discours, & le même Concile

Conc. Lemov. II Sess. II. T. IX. Conc.

Ibid.

Ibid.

Ibid.

nous en fournit un exemple memorable. Un Evêque s'étoit plaint au même Pape Jean XVIII. d'une abfolution que ce Pape avoit mal donnée au préjudice de la Sentence de cét Evêque; le Pape lui fit cette réponfe vraiment paternelle qui fut lûë avec une incroyable confolation de tout le Concile. *C'eſt vôtre faute, mon tres-cher* Ibid. *Frere de ne m'avoir pas inſtruit; j'aurois confirmé vôtre Sentence, & ceux qui m'ont furpris n'auroient remporté que des anathemes. A Dieu ne plaife*, pourfuit-il, *qu'il y ait fchifme entre moi & mes Coévéques. Je declare à tous mes Freres les Evêques que je veux les confoler & les fecourir & non pas les troubler ni les contredire dans l'exercice de leur miniftere.*

A ces mots *tous les Evêques fe dirent les uns aux* Ibid. *autres; c'eſt à tort que nous ofons murmurer contre nôtre Chef: nous n'avons à nous plaindre que de nous-mêmes & du peu de foin que nous prenons de l'avertir.* Vous le voïez Chrétiens: les puiffances fuprêmes veulent être inftruites & veulent toûjours agir avec connoiffance. Vous voïez auffi qu'il y a toûjours quelque chofe de paternel dans le Saint Siege & toûjours un fond de correfpondance entre le Chef & les membres qui rend la paix affûrée pourvû qu'en propofant la Regle on ne manque jamais au refpect que la même Regle prefcrit. L'Eglife de France aime d'autant plus fa Mere l'Eglife Romaine & reffent pour elle un

I ij

respect d'autant plus sincere qu'elle y regarde plus purement l'institution primitive & l'ordre de JESUS-CHRIST. La marque la plus évidente de l'assistance que le Saint Esprit donne à cette Mere des Eglises, c'est de la rendre si juste & si moderée que jamais elle n'ait mis les excez parmi les Dogmes. Qu'elle est grande l'Eglise Romaine, soutenant toutes les Eglises, *portant*, dit un ancien Pape, *le fardeau de tous ceux qui souffrent*, entretenant l'unité, confirmant la Foi, liant & déliant les pecheurs, ouvrant & fermant le Ciel ! Qu'elle est grande encore une fois lorsque pleine de l'autorité de Saint Pierre, de tous les Apôtres, de tous les Conciles, elle en execute avec autant de force que de discretion les salutaires Decrets ! Quelle a esté sa puissance lorsqu'elle la fait consister principalement à tenir toute creature abaissée sous l'autorité des Canons sans jamais s'éloigner de ceux qui sont les fondemens de la Discipline, & qu'heureuse de dispenser les tresors du Ciel, elle ne songeoit pas à disposer des choses inferieures que Dieu n'avoit pas mises en sa main !

Joan. VIII.
Ep. 80. T.
IX. Conc.

Dans cét état glorieux où vous paroît l'Eglise Romaine, & les Rois & les Roïaumes sont trop heureux d'avoir à lui obéïr. Quel aveuglement quand des Roïaumes Chrétiens ont crû s'affranchir en secoüant, disoient-ils, le joug de Rome qu'ils appelloient un joug étranger, comme si l'Eglise avoit cessé d'estre Universelle ou que le lien commun qui fait de tant de Roïaumes un seul Roïaume de Jesus-Christ pust devenir étranger à des Chrétiens ! Quelle erreur quand des Rois ont crû se rendre plus independans en se rendant maistres de la Religion, au lieu que la Religion dont l'autorité rend leur majesté inviolable, ne peut estre pour leur propre bien trop independante & que la grandeur des Rois est d'estre si grands qu'ils ne puissent non plus que Dieu dont ils sont l'Image se nuire à eux-mêmes, ni par consequent à la Religion qui est l'appui de leur Trône. Dieu preserve nos Rois Tres-Chrétiens de pretendre à l'Empire des choses sacrées & qu'il ne leur vienne jamais une si detestable envie de regner ! Ils n'y ont jamais pensé. Invincibles envers toute autre Puissance & toûjours humbles devant le Saint Siege, ils sçavent en quoi consiste la veritable hauteur. Ces Princes également Religieux & Magnanimes n'ont pas moins méprisé que detesté les extrémitez ausquelles on ne se laisse emporter que par desespoir & par foiblesse. L'Eglise de France est zélée pour ses libertez : elle a raison puisque le grand Concile d'Ephese nous apprend que ces libertez particulieres des Eglises sont un des fruits de la Redemption par laquelle Jesus-Christ nous a affranchis : & il est certain qu'en matiere de Religion & de conscience, des libertez mo-

Conc. Bitur.
c. de Elect.
T. XI. Conc.
Conc. Eph.
act. VII. T.
III. Conc.

I iij

derées entretiennent l'ordre de l'Eglife & y affermiffent la paix. Mais nos Peres nous ont apris à foûtenir ces libertez fans manquer au refpect, & loin d'en vouloir manquer, nous croïons au contraire que le refpect inviolable que nous conferverons pour le Saint Siege nous fauvera des bleffûres qu'on voudroit nous faire fous un nom qui nous eft fi cher & fi venerable. Sainte Eglife Romaine Mere des Eglifes & Mere de tous les Fideles, Eglife choifie de Dieu pour unir fes Enfans dans la même Foi & dans la même charité, nous tiendrons toûjours à ton unité par le fond de nos entrailles. *Si je t'oublie,* Eglife Romaine, *puiffe-je m'oublier moi-même ! que ma langue fe feiche & demeure immobile dans ma bouche fi tu n'és pas toûjours la premiere dans mon fouvenir ; fi je ne te mets pas au commencement de tous mes Cantiques de réjoüiffance. Adhæreat lingua mea faucibus meis fi non meminero tui ; fi non propofuero Jerufalem in principio lætitiæ meæ.*

Pfal. 136.

Mais vous qui nous écoutez, puifque vous nous voïez marcher fur les pas de nos Ancêtres, que refte-t-il, Chrétiens, finon qu'unis à nôtre Affemblée avec une fidele correfpondance vous nous aidiez de vos vœux. *Souvent*, dit un ancien Pere, *les lumieres de ceux qui enfeignent viennent des prieres de ceux qui écoutent. Hoc accipit Doctor quod meretur auditor.* Tout ce qui fe fait de bien dans l'Eglife, & même par les Pafteurs, fe fait, dit

Pet. Chryf. Serm.

Saint Auguſtin par les ſecrets gemiſſemens de ces colombes innocentes qui ſont répanduës par toute la terre. Ames ſimples, ames cachées aux yeux des hommes, & cachées principalement à vos propres yeux, mais qui connoiſſez Dieu & que Dieu connoît : où êtes-vous dans cét Auditoire afin que je vous adreſſe ma parole ? Mais ſans qu'il ſoit beſoin que je vous connoiſſe, ce Dieu qui vous connoît, qui habite en vous, ſçaura bien porter mes paroles qui ſont les ſiennes dans vôtre cœur. Je vous parle donc ſans vous connoître ames dégoûtées du ſiecle ! Ha comment avez vous pû en éviter la contagion ? comment eſt-ce que cette face exterieure du monde ne vous a pas ébloüies ? quelle grace vous a preſervées de la vanité : de la vanité que nous voïons ſi univerſellement regner ? perſonne ne ſe connoît : on ne connoît plus perſonne : les marques des conditions ſont confonduës : on ſe détruit pour ſe parer : on s'épuiſe à dorer un édifice dont les fondemens ſont écroulez & on appelle ſe ſoûtenir que d'achever de ſe perdre. Ames humbles, ames innocentes que la grace a deſabuſées de cette erreur & de toutes les illuſions du ſiecle, c'eſt vous dont je demande les prieres : en reconnoiſſance du don de Dieu dont le ſçeau eſt en vous, priez ſans relâche pour ſon Egliſe : priez ; fondez en larmes devant le Seigneur : priez Juſtes ; mais priez pecheurs : prions tous enfemble : car fi Dieu exauce les uns pour leur merite, il exauce auffi les autres pour leur pénitence. C'est un commencement de converfion que de prier pour l'Eglife. Priez donc tous enfemble encore une fois que ce qui doit finir finiffe bien-toft. Tremblez à l'ombre même de la divifion : fongez au malheur des peuples qui ayant rompu l'unité fe rompent en tant de morceaux & ne voïent plus dans leur Religion que la confufion de l'Enfer & l'horreur de la Mort. Ha prenons garde que ce mal ne gagne. Déja nous ne voyons que trop parmi nous de ces efprits libertins qui fans fçavoir ni la Religion ni fes fondemens, ni fes origines, ni fa fuite, *blaf-*

Judæ Ep.
Cath. II. 10. *phement ce qu'ils ignorent & fe corrompent dans ce qu'ils fçavent : nuées fans eau,* pourfuit l'Apôtre Saint Jude, Docteurs fans doctrine, qui pour

Ibid. toute autorité ont leur hardieffe, & pour toute fcience, leurs décifions precipitées : *arbres deux fois morts & déracinez;* morts premierement parce qu'ils ont perdu la charité ; mais doublement morts parce qu'ils ont encore perdu la Foi, & entierement *deracinez* puifque déchûs de l'une & de l'autre, ils ne tiennent à l'Eglife par aucune fibre : *Aftres errans* qui fe glorifient dans leurs routes nouvelles & écartées fans fonger qu'il leur faudra bien-tôt difparoître. Oppofons à ces efprits legers & à ce charme trompeur de la nouveauté, la pierre fur laquelle nous fommes fondez

dez & l'autorité de nos Traditions où tous les siecles passez sont renfermez & l'Antiquité qui nous réünit à l'origine des choses. Marchons dans les sentiers de nos Peres; mais marchons dans les anciennes mœurs comme nous voulons marcher dans l'ancienne Foi. Allez Chrétiens dans cette voie d'un pas ferme: Allons à la tête de tout le Troupeau, MESSEIGNEURS, plus humbles & plus soûmis que tout le reste: Zélez défenseurs des Canons, autant de ceux qui ordonnent la regularité de nos mœurs que de ceux qui ont maintenu l'autorité Sainte de nôtre caractere, & soigneux de les faire paroître dans nôtre vie plus encore que dans nos discours: afin que quand le Prince des Pasteurs & le Pontife éternel apparoîtra, nous puissions lui rendre un compte fidele & de Nous & du Troupeau qu'il nous a commis & recevoir tous ensemble l'éternelle benediction du Pere, du Fils, & du Saint Esprit. *Amen.*

Extrait du Privilege du Roy.

LE Roy par ses Lettres Patentes a permis à Federic Leonard son Imprimeur ordinaire & du Clergé de son Royaume, d'imprimer, vendre & debiter tous les *Edits, Declarations, Arrests, Remonstrances, & generalement toutes les choses qui luy seront baillées par les Assemblées generales, ou par les Agens Generaux du Clergé de France*, & ce pour le temps & espace de vingt ans. Avec défenses à tous autres de les imprimer, faire imprimer,

K

contrefaire, ny d'en avoir d'autres que de l'Impression dudit Leonard, à peine de six mille livres d'amende, confiscation des Exemplaires, dépens, dommages & interests, comme il est porté plus au long par lesdites Lettres; Données à Saint Germain en Laye le quatriéme Decembre, l'an de grace mil six cens soixante-quatorze. Et de nostre Regne le trente-deuxiéme: Par le Roy en son Conseil Signé, Desvieux. Et scellées.

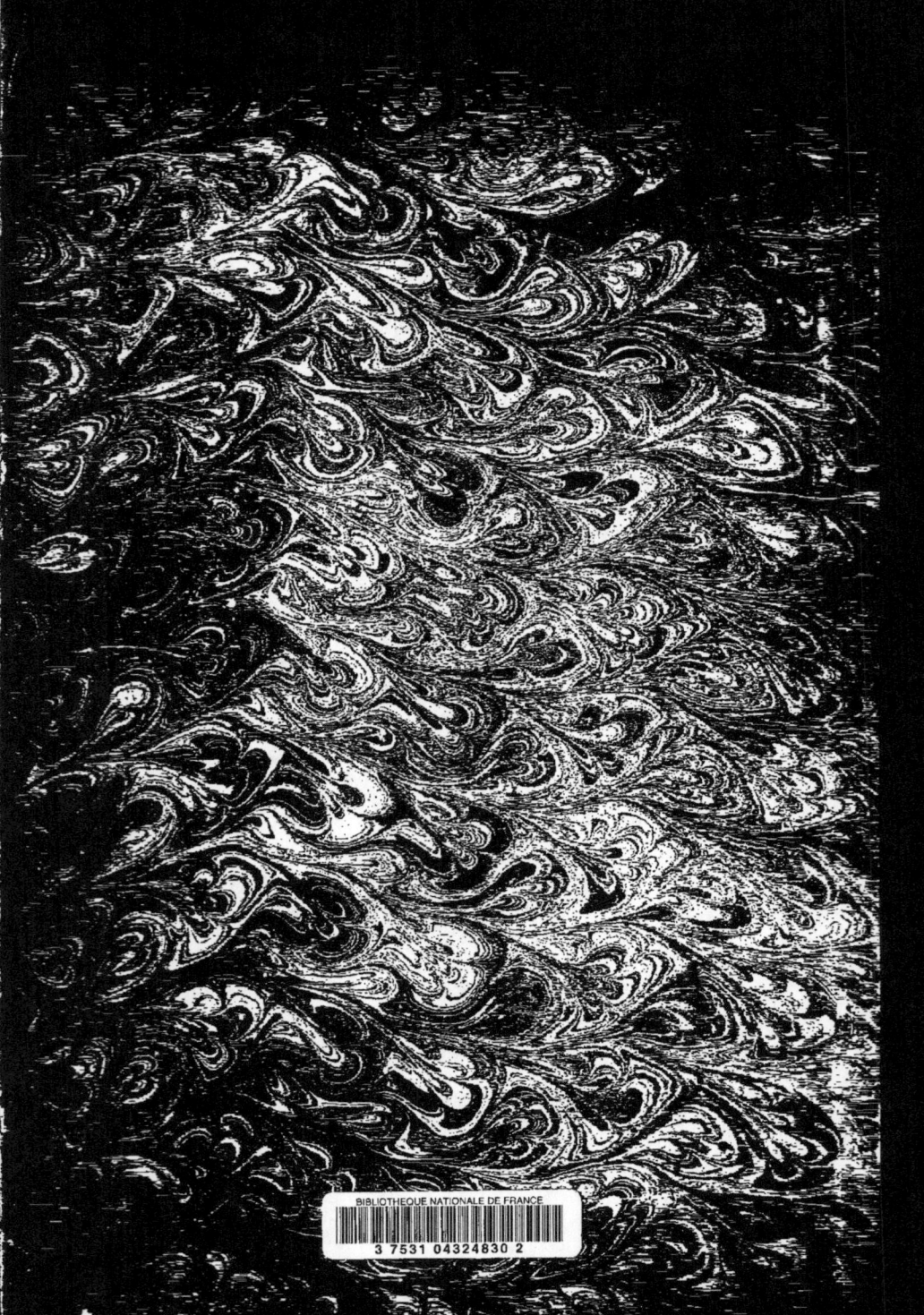

www.ingramcontent.com/pod-product-compliance
Lightning Source LLC
Chambersburg PA
CBHW070310100426
42743CB00011B/2426